Bibliografische Information der Deutschen Nationalbibliothek:

Die Deutsche Nationalbibliothek verzeichnet diese Publikation in der Deutschen Nationalbibliografie; detaillierte bibliografische Daten sind im Internet über http://dnb.d-nb.de abrufbar.

Impressum:

Copyright © 2016 Studylab

Ein Imprint der GRIN Verlag, Open Publishing GmbH

Druck und Bindung: Books on Demand GmbH, Norderstedt, Germany

Coverbild: Freepik.com | Flaticon.com | GRIN

„Django Unchained" trifft Ludwig van Beethoven. Der Einfluss von Filmbildern auf die Musikwahrnehmung

2014

Inhaltsverzeichnis

Inhaltsverzeichnis 4

1   Einleitung 5

2   Forschungsstand mit daraus resultierender Hypothesenbildung 6

   2.1   Darlegung des bisherigen Erkenntnisstandes 6

   2.2   Darstellung verschiedener Filmfunktionsmodelle 17

   2.3   Strukturanalytische Ansätze 19

   2.4   Formulierung der Hypothesen 22

3   Methodenbeschreibung 25

   3.1   Untersuchungsdesign 25

   3.2   Auswahlverfahren des Filmmaterials 26

   3.3   Entwicklung des Fragebogens 28

   3.4   Durchführung der Befragung 31

4   Musik-/Filmbildanalyse des Filmmaterials 34

   4.1   Methodische Kriterien für die Filmanalyse 34

   4.2   Kurzbeschreibung des verwendeten Filmmaterials 35

       4.2.1   Filmszene aus *Django Unchained* zu der Musik von Ludwig van Beethoven *Klavierstück a-Moll WoO 59 „Für Elise"* 35

       4.2.2   Filmszene aus *Equilibrium* zu der Musik von Ludwig van Beethoven – *neunte Sinfonie, erster Satz* 38

       4.2.3   Filmszene aus *Die Verurteilten* zu der Musik von Wolfgang Amadeus Mozart - *Duettino - Sull'aria* aus *Die Hochzeit des Figaro* 40

5   Ergebnisse der empirischen Untersuchung 43

   5.1   Rücklauf und methodische Probleme 43

   5.2   Soziodemographische Daten 44

   5.3   Ergebnisse der Umfrage 46

6   Zusammenfassung 54

7   Literaturverzeichnis 56

8   Diskographie 60

9   Videographie 61

1 Einleitung

Von den Anfängen des Films bis zur heutigen Zeit wurde die Musik für den Film immer wichtiger. Dabei wurden zahlreiche Untersuchungen durchgeführt, die die Wirkung der Filmmusik auf die Filmbilder ergründeten.[1] Weitaus seltener wurde dabei betrachtet, wie es sich umgekehrt verhält: wie die Musikwahrnehmung durch die Filmbilder beeinflusst wird.

Mit dieser Frage wird sich die vorliegende Arbeit beschäftigen. Die 1999 durchgeführte Studie *Das Auge hört mit...* von Susanne Keuchel[2] soll dabei als Vorbild dienen. Ziel der Arbeit soll es sein, einige der Ergebnisse Keuchels in einem moderneren Gewand zu überprüfen. Zu Beginn der Arbeit soll der derzeitige Forschungsstand dargelegt werden, um anschließend die Hypothesen aufzustellen. Zur Erforschung der Musikwahrnehmung durch den Einfluss von Filmbildern soll ein Fragebogen erstellt werden. Zuvor sollen geeignete Filmszenen gesucht werden, die klassische Musik enthalten. Da eine genaue Definition von klassischer Musik den Rahmen dieser Arbeit sprengen würde, soll in der vorliegenden Arbeit davon ausgegangen werden, dass der Begriff jegliche Musik umfasst, die vor dem Jahr 1900 entstanden ist und der abendländischen Kultur angehört.

Unter der Prämisse, dass klassische Musik in der Gesellschaft und gerade unter jüngeren Menschen eher unbeliebt ist[3], soll untersucht werden, ob die positive Assoziation mit den Filmbildern die Wahrnehmung und Beurteilung der Musik verändert. Der erstellte Fragebogen soll im Internet verbreitet werden, um möglichst viele Menschen zu erreichen. Zur Erstellung der Fragen soll das final ausgewählte Filmmaterial zunächst analysiert werden, um Zusammenhänge von Filmbild und Musik zu erkennen. Im Anschluss daran wird der Fragebogen erstellt und letztendlich online verbreitet. Nachdem der Fragebogen online für eine Zeit lang zugänglich war, sollen die Antworten auf Hinsicht der Hypothesen betrachtet und ausgewertet werden.

---

[1] Vgl. hierzu Kapitel 2.1.

[2] Vgl. Keuchel, Susanne: Das Auge hört mit.... Bonn 2000.

[3] Vgl. hierzu Kapitel 2.1.

2 Forschungsstand mit daraus resultierender Hypothesenbildung

In den folgenden zwei Unterkapiteln erfolgen eine Übersicht über den bisherigen Forschungsstand unter Einbezug empirischer und experimenteller Untersuchungen, die sich mit der Wahrnehmung von Filmmusik beschäftigen, ein Abriss über die Funktionsmodelle von Filmmusik sowie die Hypothesenbildung. Unter Berücksichtigung des Forschungsziels soll hier die Wirkung der visuellen Informationsebene auf die musikalische Wahrnehmung untersucht werden, entgegen der Wirkung von Musik auf die visuelle Wahrnehmung. Basierend auf dem aktuellen Forschungsstand, werden im Anschluss entsprechende Hypothesen gebildet.

2.1 Darlegung des bisherigen Erkenntnisstandes

Die Frage, inwiefern sich das Filmbild auf die Wahrnehmung von Musik auswirkt, ist im Bezug auf wissenschaftliche Untersuchungen noch vergleichsweise jung, weshalb bisher nur wenige Resultate in der Wissenschaft existieren. Im Folgenden werden Ergebnisse experimenteller Forschungen zum Thema der audiovisuellen Musikrezeption vorgestellt, die im Zusammenhang mit dem Forschungsziel dieser Arbeit stehen.

Im Jahr 1969 nutzte Richard Gerrero die hautgalvanische Reaktion der Haut, um das Verhalten von Filmrezipienten auf Filmmusik zu untersuchen. Bei der hautgalvanischen Untersuchungsmethode werden verschiedene Hautleitwerte gemessen, die in Zusammenhang mit der Schweißdrüsenaktivität stehen. Beobachtet wird hierbei die Verarbeitung von Reizen durch den Körper. Ziel ist es herauszufinden, wie diese Reaktionen gedeutet werden können. In der Psychophysiologie wird diese Methode häufig zur Erfassung von Stress und Emotionen genutzt.[4,5] Versuchspersonen sahen in dem Experiment von Gerrero den gleichen Film mit unterschiedlichen Musikdarbietungen. Gerrero konnte während des Experiments unterschiedliche hautgalvanische Reaktionen im Zusammenhang mit der unterschiedlichen Musik messen. Als er die Versuchspersonen im Anschluss an das Experiment befragte, bemerkte er jedoch, dass den meisten Zuschauern nicht aufgefallen war, dass die zweite Filmvorführung von einer anderen Musik begleitet war als die erste.[6] Das Untersuchungsergebnis verdeutlicht, dass Musik im Film

---

[4] Vgl. http://www.ipn.at/ipn.asp?BTK (Letzter Zugriff: 30.12.2014)

[5] Vgl. http://www.spektrum.de/lexikon/neurowissenschaft/galvanische-hautreaktion/4476 (Letzter Zugriff: 30.12.2014)

[6] Vgl. Gerrero, Richard: *Music as a film variable*. Dissertation. Michigan State University 1969.

eher unbewusst wahrgenommen wird und in der audiovisuellen Rezeption eine untergeordnete Rolle spielt. Norbert Jürgen Schneider schreibt dazu, dass die „unter- und unbewußte Wahrnehmung von Filmmusik nichts über einen untergeordneten Stellenwert innerhalb der Filmdramaturgie" besagt.[7] Je unterbewusster die Musik wirke, desto mehr kann sie den Bildbetrachter in einem vom Filmemacher gewünschten Sinne konditionieren und die Rezeption des Bildes stimulierend lenken, so Schneider.[8] Die Filmmusik verschwinde also im Hintergrund und erreiche das Bewusstsein des Zuschauers nicht. Helga de la Motte-Haber stellt fest, dass Musik in Film und Fernsehen die Funktion habe, Authentizität auszudrücken. So wie es Geräusche braucht, um eine Szene lebendig wirken zu lassen, könne auch die Musik zur Atmosphäre beitragen. Ein sich bewegendes Bild ohne Ton wirke schlicht realitätsfern. Die Musik habe dabei keine bestimmte Funktion, ihre Anwesenheit sei zufällig, so de la Motte-Haber. Gemeint ist funktionelle Musik, die die Atmosphäre einer Szene unterstreicht oder erst erzeugt. De la Motte-Haber bezieht sich damit auf die Austauschbarkeit der Musik, für den Fall, dass Musik genutzt wird, die nicht extra für eine bestimmte Szene geschrieben wurde. Eigens für den Film komponierte Filmmusik kann Bewegungen unterstreichen, die zeitlich so genau passen, dass eine Austauschbarkeit nicht so einfach möglich ist.[9]

Als in den 70er Jahren in Deutschland das Interesse der Musikwissenschaftler an Filmmusik stieg, wurden auch einige Untersuchungen in Deutschland zu dem Thema durchgeführt. Zwei dieser empirischen Studien zur audiovisuellen Musikrezeption wurden von Hans-Christian Schmidt 1976 realisiert. Schmidt untersuchte die „auditive und die audiovisuelle musikalische Wahrnehmung" in einem experimentellen Vergleich. Seine grundlegende Fragestellung ist dabei, ob „das optisch-akustische Medium Fernsehen dem nur akustischen Medium Schallplatte (Tonband) überlegen" ist. Er stellt die Frage, ob sich „die audiovisuelle Wahrnehmung durch eine größere Intensität des musikalischen Eindrucks und einer feineren Differenzierung gegenüber der auditiven" auszeichne.[10] Laut Schmidt spreche die Interferenztheorie für diese Annahme:

> „Während einer wiederholten Darbietung von Element A (Musik) würden nach dieser Theorie die Wahrnehmungsanteile von B (Bildfolge)

---

[7] Schneider, Norbert Jürgen: *Handbuch Filmmusik*. München 1990, S. 72.

[8] Vgl. Ebd.

[9] Vgl. Motte-Haber, Helga de la: *Musikpsychologie*. Köln 1972, S. 133.

[10] Schmidt, Hans-Christian: *Auditive und audiovisuelle musikalische Wahrnehmung im experimentellen Vergleich*. Mainz 1976, S. 80-81.

mitassoziiert. Die Kombination von A und B würde also eine bessere Behaltensleistung garantieren."[11]

In der Lernpsychologie konnte man in verschiedenen Untersuchungen nachweisen, dass die Verbindung einer Information mit einer anderen Information aus einer anderen Rubrik die Lernfähigkeit erhöht. Ist zum Beispiel die erste Information visueller und die andere akustischer Art, wird beim Aufrufen der ersten Information gleichzeitig auch die zweite Information aufgerufen – beide Informationen sind im Gehirn miteinander vernetzt.[12] Eine weitere Erklärung für das bessere Memorieren einer Information ist die, dass die Information über zwei verschiedene Wahrnehmungskanäle aufgenommen wird und damit eine doppelte Überprüfung an den Wahrheitsgehalt erfolgt. Doris A. Graber hat in diesem Zusammenhang eine Untersuchung mit einem interessanten Ergebnis durchgeführt. Sie zeigte ihren Probanden Nachrichtenbeiträge, einmal mit und einmal ohne Bild. An die Nachrichtenbeiträge mit Bild konnten sich die Versuchspersonen besser erinnern als an jene ohne Bild.[13] An diesem Punkt führt Susanne Keuchel einen – wie sie deutlich sagt – „populärwissenschaftlichen" Vergleich an:

> „der Mensch behält
> 20 Prozent von dem, was er hört
> 30 Prozent von dem, was er sieht
> 50 Prozent von dem, was er sieht und hört
> 70 Prozent von dem, worüber er redet
> 90 Prozent von dem, was er selbst tut"[14]

Als Gegenargument zu seiner Interferenztheorie hat Hans Christian Schmidt jedoch auch die These in Betracht gezogen, dass das Auge ein wichtigeres Empfangsorgan sei als das Ohr. Die optische Wahrnehmung sei also dominanter als die akustische und unterdrücke bei einer gleichzeitig stattfindenden optischen wie akustischen Wahrnehmung die akustische.[15]

---

[11] Schmidt, Hans-Christian: Auditive und audiovisuelle musikalische Wahrnehmung im experimentellen Vergleich. Mainz 1976, S. 82.

[12] Vgl. Keuchel, Susanne: *Das Auge hört mit....* Bonn 2000, S. 15.

[13] Graber, Doris A.: Seeing is remembering. 1990, S. 134-155.

[14] Dörr, Günther: Fernsehen und Lernen – attraktiv und wirksam!? München 1997, S. 49.

[15] Vgl. Schmidt, Hans-Christian: *Auditive und audiovisuelle musikalische Wahrnehmung im experimentellen Vergleich.* Mainz 1976, S. 83.

Schmidt spielte einer Gruppe von jugendlichen Versuchspersonen Hörbeispiele in einer Video-Aufzeichnung vor, einer anderen Gruppe das gleiche musikalische Material, jedoch losgelöst vom Bild als reine Hörbeispiele. In einer Folgeuntersuchung acht Tage später wollte er herausfinden, welche der beiden Gruppen sich die Musikbeispiele besser eingeprägt hatte. Dabei fand er heraus, dass die „Video-Gruppe" die Hörbeispiele schlechter in Erinnerung hatte, als die Gruppe der reinen Hörbeispiele. Er schlussfolgerte:

> „Es besteht ein tatsächlicher Unterschied zwischen der auditiven und der audiovisuellen Rezeption von Musik, und zwar in folgender Hinsicht:[...]Die beiden heterogenen Informationssysteme Musik und Bildgeschehen scheinen sich gegenseitig zu stören, die Wahrnehmungsenergien sich gegenseitig aufzuzehren oder sich zumindest gegenseitig abzuschwächen."[16]

Schmidt selbst deutet aber auf einen Schwachpunkt seines Versuchsaufbaus hin. Seine Videoaufzeichnungen waren Konzertmitschnitte. Jugendliche Fernsehzuschauer seien aber eine rasche Bildfolge mit hoher Informationsdichte gewohnt, die in den Aufzeichnungen nicht vorhanden war. Stattdessen sah man den Dirigenten, das Orchester oder spielende Hände.[17]

Bei der Auswahl eigener Erhebungsbeispiele sollte daher berücksichtigt werden, dass Filmbeispiele den heutigen Sehgewohnheiten entsprechen, um ein möglichst authentisches Ergebnis zu erhalten. Schmidt beobachtete eine Zunahme schnell wechselnder Bildfolgen bereits 1976. Man kann sich leicht vorstellen, dass sich dieses Phänomen über die Jahre noch intensiviert hat, weswegen noch mehr als damals auf eine geeignete Filmauswahl geachtet werden muss.

In einer anderen Studie stellte sich Schmidt 1976 die Frage, ob Musik die filmische Wahrnehmung beeinflussen kann.[18] Er nutzte einen Dokumentarfilm und unterlegte ihn mit verschiedenen Musikbeispielen. Damit wollte er die Wirkung der Musik auf die Filmwahrnehmung bei den jugendlichen Versuchspersonen überprüfen. Er gelangt zu dem Ergebnis, dass die emotionale Beteiligung bei der Filmrezeption von der Musik beeinflusst wird.

---

[16] Schmidt, Hans-Christian: Auditive und audiovisuelle musikalische Wahrnehmung im experimentellen Vergleich. Mainz 1976, S. 101.

[17] Vgl. Ebd., S. 102.

[18] Vgl. Schmidt, Hans Christian: *Musik als Einflussgröße für die filmische Wahrnehmung.* Mainz 1976, S. 126-169.

> „Ein musikalischer Hintergrund...beeinflusst mittelbar – nicht unmittelbar – die filmische Rezeption insofern[...], als er dafür sorgt, daß die Affinität des Zuschauers zum filmischen Geschehen enger wird und daß aufgrund dieser engeren Film - Zuschauer - Relation die Filmwahrnehmung durch vermehrte Konzentration und erhöhte Urteilsbereitschaft angereichert wird. Nicht die filmischen Gegenstände erfahren in erster Linie eine Dynamisierung durch die Musik, vielmehr zielt ganz generell der Einfluß musikalischer Hintergründe darauf, den Wahrnehmungsvorgang des Zuschauers zu dynamisieren."[19]

Ein Anstieg der Konzentration durch die Verbindung von Filmmusik und Filmbildern müsste demnach auch bedeuten, dass die Wirkung der Filmbilder auf die Musik ebenfalls von Bedeutung ist. Die Frage hierbei ist, ob die Symbiose aus Bild und Ton hilft, die Musik besser verstehen zu können und ob sich die emotionale Beurteilung der Musik durch das Bild ändert.

Heidemarie Strauch untersuchte 1980 mithilfe des Films *Un Chien Andalou* aus dem Jahr 1929 den Einfluss der Musik auf die filmische Wahrnehmung. Der Film gilt als Klassiker des surrealistischen Films und wurde von dem Regisseur Luis Buñuel und dem bekannten Maler des Surrealismus Salvador Dalí erdacht. Der Film weist dabei keine klare Handlung auf, sondern reiht mehr oder weniger willkürlich Bilder aneinander, denen der Bezug zur Realität fehlt und die eher Traumsequenzen ähneln. Strauch zeigte den Film einmal ohne und einmal mit Musik und wollte herausfinden, ob die Musik auf den unstrukturierten Film eine ordnende Wirkung haben kann. Als Musik nutzte sie unter anderem Wagners *Tristan und Isolde*.[20]

> „Der Film erzählt keine Geschichte, der eine logisch und chronologisch geordnete Handlung zugrunde liegt, sondern kleine Episoden und Handlungsfragmente werden assoziativ aneinander gereiht. Die Musik dagegen besteht aus zwei sehr verschiedenen, in sich geschlossenen, deutlich voneinander getrennten Stücken, die symmetrisch angeordnet sind und fünf große Abschnitte bilden. Die Zäsuren, die durch den Wechsel dieser Abschnitte und ihre Binnenstruktur gebildet werden,

---

[19] Schmidt, Hans Christian: *Musik als Einflussgröße für die filmische Wahrnehmung.* Mainz 1976, S. 157.

[20] Vgl. Strauch, Heidemarie: *Der Einfluss von Musik auf die filmische Wahrnehmung am Beispiel von L. Buñuels „Un Chien Andalou".* Laaber 1980, S. 112-126. (zit. nach Keuchel)

stimmen in den seltensten Fällen mit den Zäsuren im Film überein. Die Musik verklammert gleichsam den Film."[21]

Das Ergebnis war überraschend für Strauch. Sie stellte fest, dass die Gruppe, die den Film mit Musikuntermalung sah, häufiger eine Einteilung des Films in „5 bis 7 Abschnitte" wahrnahm als die musiklose Gruppe. Sie zog den Schluss, dass die Musik mit ihrer Gliederung in fünf Teile auch Einfluss darauf hatte, wie die Versuchspersonen den Film zu unterteilen versuchten. Dieses Ergebnis wirft die Frage auf, ob nicht deutlich wahrnehmbare visuelle filmische Mittel z.B. der Wechsel des Ortes, die Wahrnehmung musikalischer Formabschnitte beeinflussen können.

Im Rahmen seiner Dissertation untersuchte Jürgen Tauchnitz 1990 die Werbewirksamkeit von audiovisueller Werbung und kommt zu dem Ergebnis, dass „die kognitive Wahrnehmung deutlich besser von der visuellen Ebene als von der auditiven stimuliert wird".[22] Tauchnitz erkennt, dass Bilder Mitteilungen konkreter kommunizieren als Musik je dazu in der Lage sei. Die visuellen Reize werden vom Menschen bewusster verarbeitet als die musikalischen.[23]

Geht man davon aus, dass die musikalische Struktur durch die visuelle Ebene veranschaulicht werden kann, würde man dem audiovisuellen Medium die besondere Eignung zusprechen, Informationen zur Beschaffenheit der Musik zu vermitteln. Die optisch leicht zu erkennende Gliederung des Filmmaterials könnte also helfen, komplexe musikalische Strukturen besser zu erfassen. Tauchnitz geht davon aus, dass der visuelle Reiz stärker ist als der musikalische. Er teilt die verschiedenen Arten der Wahrnehmung jedoch in eine kognitive und eine affektive Wahrnehmung. Während das Bild demzufolge für Informationsvermittlung, bei der es um Fakten geht, besser geeignet sei, aktiviere der musikalische Reiz besonders die affektive Wahrnehmung.[24]

In einer Längsschnittstudie von Klaus-Ernst Behne, die zwischen 1991 und 1997 jährlich durchgeführt wurde, gelangte Behne quasi zufällig zu einem interessanten

---

[21] Ebd., S.113.

[22] Keuchel, Susanne: *Das Auge hört mit*. Bonn 2000, S. 19.

[23] Vgl. Tauchnitz, Jürgen: *Werbung mit Musik*. Heidelberg 1990 (zit. nach Keuchel)

[24] Vgl. Keuchel, Susanne: *Das Auge hört mit*. Bonn 2000, S. 20.

Ergebnis. War „der Wandel von Musikpräferenzen zwischen dem 11. und 17. Lebensjahr"[25] eigentlich das Thema seiner Untersuchung, stellte Behne bei wiederholter Präferenzmessung fest, dass der Bekanntheitsgrad von Tschaikowskys *b-Moll Klavierkonzert* während des Untersuchungszeitraums bei den Versuchspersonen stark anstieg. Die Ursache hierfür war eine Fernsehwerbung des Milchverarbeitungskonzerns *Ehrmann*, in der ein Auszug des Stücks genutzt wurde. Behne fand heraus, dass die Bekanntheit und Beliebtheit von Musik – und klassischer Musik speziell – zeitlich instabil ist. So war das klassische Stück Tschaikowskys eine Zeit lang sehr bekannt und beliebt bei vielen Fernsehzuschauern, doch vielen Menschen, die diese Werbung nicht kannten, blieb das Stück unbekannt. Oftmals wird klassische Musik in der Werbung verwendet, wodurch ihr Bekanntheitsgrad enorm steigt. So auch bei *Also sprach Zarathustra* von Richard Strauss, das in einem Werbespot des Bierunternehmens *Warsteiner* verwendet wurde und daher vielen Menschen bekannt ist – obwohl das Stück wohl hauptsächlich durch den Filmklassiker *2001 - Odyssee im Weltraum* von Stanley Kubrick und den zahlreichen Parodien der „Knochen- Szene" zu dem Bekanntheitsgrad gelangte, den es heute genießt.

Leon Crickmore führte 1983 eine empirische Studie mit dem Ergebnis durch, dass die Rezipienten durch die wiederholte Darbietung von Werbespots vertrauter mit der Musik wurden. Diese Rezipienten wiesen daraufhin eine erhöhte Hörbereitschaft auf. Bei mehrfachem Ansehen der Werbung verliert das Bild, das zuerst dominant ins Bewusstsein des Zuschauers tritt, mehr und mehr an Bedeutung und wird uninteressant. Dadurch erfolgt eine Aufmerksamkeitsverlagerung auf die Musik. Crickmore schlussfolgert daraus, dass die Rezipienten „den musikalischen Entwicklungsprozeß der Originalkomposition besser verfolgen"[26] könnten.[27]

„Die Notwendigkeit der ‚visuellen Brücke' verschwände zunehmend und eine positive Einstellung zur auditiven Musikdarbietung wäre geweckt."[28]

---

[25] Behne, Klaus-Ernst: *Träumen und Tanzen - Zur Funktionalität von Musikpräferenzen*. 1997, S. 205.

[26] Keuchel, Susanne: *Das Auge hört mit...*. Bonn 2000, S. 21.

[27] Vgl. Crickmore, Leon: *Eine Methode zur Messung der Musikeinschätzung*. Darmstadt 1983, S. 257-294.

[28] Keuchel, Susanne: *Das Auge hört mit...*. Bonn 2000, S. 21.

Neben den Werbespots waren es auch die Musikvideos/-filme und besonders deren zeitweise sehr großer Markt – in wirtschaftlicher wie in kreativer Hinsicht –, der dazu anregte, experimentelle Untersuchungen zur Musik im Kontext von Videoclips durchzuführen. In Hinblick auf die Kreativität sei an dieser Stelle Richard Lester erwähnt, der aufgrund seiner *Beatles*-Filme *A Hard Day's Night* (1964) und *Help!* (1965) große Erfolge feiern konnte. Durch seinen innovativen, gewagten Stil und die Nutzung von *Jump Cuts* sowie schnellen, ungewöhnlichen Schnitten, schaffte er etwas völlig neues in der Musikwelt. Über die Jahre hinweg wurde sein „zerstückelnder Schnittstil"[29] zur Norm in den Musikvideos, die Jahrzehnte nach seinen Filmen im Fernsehen laufen sollten. James Monaco spricht von Richard Lester als „einflußreichste[n] Filmstilist seit D.W.Griffith". Laut Monaco existierten zudem „nur wenige Techniken, die Richard Lester nicht als erster ausprobiert hat."[30]

1985 untersuchte Holger Springsklee die Auswirkungen von Videoclips auf Jugendliche.[31] Die Forschungsfragen dieser Untersuchungen waren unter anderem die Größe des Einflusses von Popvideos auf die Präferenz der dargestellten Musik und die mögliche Einschränkung der auditiven Wahrnehmung durch das Filmbild. Dazu befragte er Schüler aus verschiedenen Schultypen. Diesen wurden zuerst die Musik und anschließend die zugehörigen Musikvideos präsentiert. Springsklee fand dabei heraus, dass gerade bei den Real- und Hauptschülern die Musikvideos sehr beliebt waren, wohingegen die Gymnasiasten diese im Zusammenhang mit der Musik eher als störend empfunden haben. Positiv bewertet wurde von den Schülern besonders die bessere Verständlichkeit des Inhaltes und das ‚tiefere Eintauchen' in die Gedanken des Künstlers. Gegenüber den Mädchen zog ein Großteil der Jungen die audiovisuelle Darbietung des Songs der auditiven vor. Die Mädchen fühlten sich „teilweise durch Clips von der Musik abgelenkt".[32] Insgesamt kommt Springsklee zu dem Ergebnis, dass der Gefallen an Popmusik durch ein Musikvideo beeinflusst werden kann – und das in beide Richtungen. Popvideos „können keine Präferenzen erzeugen, sondern sind lediglich Präferenzverstärker".[33] Bei einer eigenen Untersuchung muss man demnach stark auf diesen Punkt Rücksicht nehmen, da eine schlechte Filmauswahl dazu führen könnte, dass

---

[29] Monaco, James: *Film verstehen*. Reinbek bei Hamburg 1995, S. 220.

[30] Ebd.

[31] Vgl. Springsklee, Holger: *Video-Clips – Typen und Auswirkungen*. Regensburg 1987, S. 139.

[32] Springsklee, Holger: *Video-Clips – Typen und Auswirkungen*. Regensburg 1987, S. 147.

[33] Ebd., S. 149.

die gewählten Musikbeispiele als noch negativer empfunden werden. Springsklee spricht hier speziell vom Beispiel der Jugendlichen als Versuchspersonen und klassischer Musik als Hörbeispiel. Er geht davon aus, dass sich bei einer ungeeigneten Filmauswahl „das Verhältnis der Jugendlichen zur klassischen Musik bei der Filmdarbietung noch deutlich verschlechtern würde".[34]

Klaus-Ernst Behne, Ulf Endewardt und Lothar Prox wollten 1993 in der Untersuchung *Lieben Sie Debussy?* ergründen, wie beliebt die klassische Musik in verschiedenen Bevölkerungsschichten ist[35]. Weiterhin wollten sie herausfinden, wie verschiedene Musikvideos den Höreindruck der Debussy-Préludes ändern können. Dazu wurden vier unterschiedliche Musikvideos mit der gleichen Musik unterlegt. Die Stichprobe war bewusst sehr heterogen in Punkten wie Alter und musikalischer Vorbildung gehalten, um ein möglichst breites Spektrum abzudecken. Behne, Endewardt und Prox erfuhren, dass unabhängig vom Alter klassische Musik überwiegend negativ bewertet wird. Gleichzeitig stellten sie fest, dass die Musik „um so interessanter eingestuft wurde, je positiver das Video beurteilt wurde."[36] Es darf bei einer eigenen Untersuchung daher nicht vergessen werden, auch die Einstellung der Versuchspersonen zur Filmbildhandlung zu messen. Neben der Akzeptanz von klassischer Musik wurde auch die Gedächtnisleistung überprüft. Behne, Endewardt und Prox spielten den Versuchspersonen einzelne Musikausschnitte vor. Die Versuchspersonen sollten anschließend die Bildinhalte der zuvor gesehenen Filme wiedergeben. Die Gedächtnisleistung der Probanden fiel eher schlecht aus. Die Untersuchungsleiter schlussfolgerten, dass die Musik – entgegen der Vermutung basierend auf der Interferenztheorie – von den Versuchsteilnehmern doch nicht so konkret mit den Bildern in Verbindung gebracht werden. Als positive Ergebnisse ihrer Studie sehen Behne, Endewardt und Prox die wachsende Akzeptanz gegenüber klassischer Musik sowie die positive Bilderwirkung auf das Urteil über die Musik. Gerade Schüler und Musiklaien hatten am Ende der Untersuchung einen wesentlich positiveren Eindruck der Musik.[37] An dieser Stelle sei erwähnt, dass Behne für das Buch „Hörertypologien" den jugendlichen Musikgeschmack erforscht hat und zu dem Ergebnis kam, dass Komponisten wie Anton Webern, Paul Hindemith und Sylvano Bussotti bei den 10- bis 22jährigen auf starke Ablehnung stießen. Mozart und Beethoven wurden dagegen

---

[34] Keuchel, Susanne: *Das Auge hört mit...* Bonn 2000, S. 23.
[35] Vgl. Behne, Klaus-Ernst/Endewardt, Ulf/Prox, Lothar: *Lieben Sie Debussy?* 1994.
[36] Ebd., S. 24.
[37] Vgl. Keuchel, Susanne: *Das Auge hört mit...* Bonn 2000, S. 24.

zwar positiver aufgenommen, jedoch war die Zustimmung bei Rock- und Pop-Musikern wie Pink Floyd und Jimi Hendrix weitaus ausgeprägter. Man kann davon sprechen, dass klassische Musik bei den jugendlichen Hörern eher zu den unbeliebteren Musikrichtungen zählt.[38]

In der 2013 durchgeführten Studie *Null Bock auf Klassik?* von Alexander Köhler wurde die Frage gestellt, ob eine „Steigerung des Interesses von Schülern an klassischer Musik" möglich sei.[39] Es wurden 711 Schüler aus der siebten, neunten und elften Klassenstufe befragt. Als nach dem Musikgeschmack gefragt wurde, belegte die *klassische Musik* hinter anderen Genres wie *Hip Hop, Punk/Metal/Rock, Charts/Pop* und anderen Musikrichtungen den vorletzten Platz. Lediglich *Schlager/Volkstümliche Musik* wurde von den Jugendlichen noch stärker abgelehnt.[40] Bei der Frage nach der Lieblingsmusik offenbarte sich ein ähnliches Bild. Neben *Punk/Metal/Rock* mit 30,5% oder *HipHop* mit 16,6%, wählten nur 1,3% der Befragten *Klassik* als ihr Lieblingsmusikgenre aus.[41] Köhler fasst später verschiedene Ergebnisse im Bezug auf die Beliebtheit von Klassik zusammen. Dabei kommt heraus, dass die „überwiegende Mehrheit der Probanden sich nicht für klassische Musik" interessiere und dass „der größte Teil der Probanden klassische Musik nicht oder nur sehr selten auch zu Hause" höre.[42] Viele Versuchspersonen teilten die Meinung, dass klassische Musik nur etwas für alte Menschen sei und nicht mehr in das heutige Leben der Probanden passe. Die Versuchspersonen fanden klassische Musik „eher langweilig" und konnten sich größtenteils weder vorstellen, dass klassische Musik sie entspanne, noch das klassische Musik sie fröhlich machen könne.[43] Man kann zusammenfassen, dass klassische Musik unter Jugendlichen ziemlich unbeliebt ist.

Susanne Keuchel untersuchte 1999 die *Rezeption von klassischer Musik im Spielfilm*. Ihre Forschungsarbeit veröffentlichte sie 2000 in Buchform. In diesem Werk, das der vorliegenden Arbeit als Hauptinspirationsquelle gilt, erforschte sie, ob eine veränderte Wahrnehmung der klassischen Musik durch Bilder hervorgerufen wird. Sie fand heraus, dass „Filmbilder die Musikwahrnehmung [beeinflussen]",

---

[38] Vgl. Behne, Klaus-Ernst: *Hörertypologien*. Regensburg 1990, S. 177.
[39] Köhler, Alexander: *Null Bock auf Klassik?* Augsburg 2014.
[40] Vgl. Ebd., S. 55.
[41] Vgl. Ebd., S. 57.
[42] Ebd., S. 59.
[43] Vgl. Köhler, Alexander: *Null Bock auf Klassik?* Augsburg 2014, S. 59.

dass „musikalische Elemente im Film in Beziehung zu einzelnen Filmbildelementen [stehen]" und dass „attraktives Filmbildmaterial das musikalische Präferenzverhalten beeinflussen [kann]".[44] Keuchel erhielt bei ihrer Arbeit viele Teilergebnisse, die erwähnt werden sollten. So entdeckte sie, dass „sowohl Filmbildinhalte als auch -bewegungen die Einschätzung der musikalischen Bewegung im Film beeinflussen [können]" und „je harmonischer die Interaktion zwischen visueller und musikalischer Ebene im Film und je spannender die Filmbildhandlung von den Vpn beurteilt wird, desto spannender wirkt auch die Musik im Film."[45] Auf die Hypothese, dass musikalische Elemente im Film in Beziehung zu einzelnen Filmbildelementen stehen, wird an dieser Stelle nicht näher eingegangen, da ein Filmregisseur mit dem Vorhaben, klassische Musik für seinen Film zu nutzen, das Stück bei der Schaffung der Szene wohl immer im Hinterkopf hat. Die bewusst gewählte Übereinstimmung von Bild und Ton in bestimmten Szenen ist daher natürlich bedingt.

Weitere Teilergebnisse sind, dass „klassische Musik, die in der Fernsehwerbung aufgegriffen wird, einen hohen Bekanntheitsgrad bei jugendlichen Rezipienten erzielen und von diesen auffallend positiv bewertet werden [kann]" und dass „unbeliebte Musikgenres in der Filmgruppe unabhängig der Präferenz von Filmbildinhalten im Kontext der audiovisuellen Vermittlung positiver beurteilt [werden] als in der Musikgruppe".[46] Ferner fand sie heraus, dass „Musik, die Jugendliche explizit in einem anderen Filmkontext kennen- und liebengelernt haben, in einem neuen Filmkontext tendenziell von diesen schlechter bewertet [kann] als vergleichsweise in einer auditiven" und dass „musikalische Geschmacksurteile in einer audiovisuellen Musikrezeption von der Einstellung der Vpn zur Filmbildhandlung beeinflußt werden: Ist die Einstellung der Vpn zu der Filmbildhandlung positiv, wird auch die Musik im Film positiver bewertet. Ist die Einstellung der Vpn zu der Filmbildhandlung negativ, wird diese weniger gut bewertet."[47]

---

[44] Keuchel, Susanne: *Das Auge hört mit....* Bonn 2000, S. 226-228.
[45] Ebd., S. 226.
[46] Ebd., S. 228.
[47] Ebd.

Nur eine Hypothese von Keuchel konnte nicht bestätigt werden: „Musik-/Bildbeziehungen im Film helfen, musikalische Elemente zu erkennen."[48] Keuchel erkannte, dass es vielen Versuchspersonen „sogar deutlich schlechter"[49] gelang, die musikalische Struktur in der audiovisuellen Darbietung zu erkennen als in der auditiven. Sie schlussfolgert, dass die gleichzeitige Aufnahme von Informationen über den auditiven wie den visuellen Kanal das Analysevermögen musikalischer Strukturen erschwert.

2.2 Darstellung verschiedener Filmfunktionsmodelle

Im Folgenden sollen unterschiedliche Modelle zur Systematisierung von Filmmusik skizziert werden. Dabei werden, im Hinblick auf die Ähnlichkeit der Befragung zu Susanne Keuchels empirischer Studie, musikästhetische und musiksoziologische Ansätze vernachlässigt. Es werden hingegen vordergründig musikpsychologische und strukturanalytische Ansätze beleuchtet. Musikpsychologische Modelle geben Hinweise auf die Wahrnehmungsprozesse der Versuchspersonen in Bezug auf visuelle und auditive Filminformation. Strukturanalytische Modelle helfen dabei zu verstehen, wie Bildinformationen musikalisches Material verständlich machen können.

Hauptziel der meisten musikpsychologischen Untersuchungen ist die Erforschung der Wirkung der Filmmusik auf den Rezipienten. So spricht Norbert Jürgen Schneider von unterschiedlichen Wirkungsbereichen von Musik und Bild. Die Musik spricht im Zuschauer das Emotionale und Affektive an und das Bild das Rationale und Informative. In physiologischer Hinsicht erklärt er dies mit den Bewegungen der Augen, den sogenannten Sakkaden. Die Augen bräuchten lediglich 1/20 Sekunde, um sich neu zu fokussieren und sind damit immer darauf vorbereitet, so viele Informationen wie möglich aufzunehmen. Die Ohren dagegen besäßen eine weitaus geringere Übertragungskapazität.[50]

Matthias Keller veranschaulicht Schneiders These mit einem eher populärwissenschaftlichen Beispiel. Beim sogenannten *Zappen*, bei dem man wahllos zwischen verschiedenen Fernsehkanälen hin und her schaltet, werde der Sehsinn stark stimuliert und das könne beim Betrachter durchaus Zustimmung finden. Dem Hör-

---

[48] Ebd., S. 227.
[49] Ebd.
[50] Vgl. Schneider, Norbert Jürgen: *Handbuch Filmmusik*. München 1990, S. 65.

sinn sei diese Art von Neugier jedoch völlig fremd und an dem schnellen Wechseln zwischen verschiedenen Musikstücken werde kaum jemand Gefallen finden.[51]

Schneider unterscheidet in unbewusste und bewusste Wahrnehmung von Filmmusik. So sagt er, Musik besäße eine „wesentliche stärkere als auch unbewusstere Wirkungskraft als die visuelle Ebene": [52]

> „Die unter- und unbewußte Wahrnehmung von Filmmusik sagt nichts über einen untergeordneten Stellenwert innerhalb der Filmdramaturgie. Je unbewußter Musik wirkt, desto mehr kann sie den Bildbetrachter in einem vom Filmemacher gewünschten Sinne konditionieren und seine Rezeption des Bildes stimulierend lenken."[53]

Auch Klaus-Ernst Behne entwickelte Funktionsmodelle für Filmmusik, die sich nach der Art der Rezipientenwahrnehmung unterteilen. Er spricht einerseits von Filmmusik, die bewusst wahrgenommen wird und andererseits von Filmmusik, die vollkommen unbewusst oder nur wenig bewusst wahrgenommen wird. Für den letzten Teil sieht er zwei Ursachen:

> „Das filmische Geschehen ist so packend und zwingend, die Einheit von Bild und Musik so perfekt, daß eine einheitliche Wahrnehmung entsteht, die als nur auf den Film bezogen wird. Die Musik tritt nicht oder nur unwesentlich ins Bewusstsein. Ein ‚Verschwinden' der Musik wird aber auch dann zu beobachten sein, wenn sie nur als unauffällige Hintergrundmusik konzipiert ist und sich über längere Zeiträume nicht nennenswert verändert."[54]

Behne unterscheidet demnach zwischen zwei verschiedenen Typen: Die Musik, die so perfekt mit dem Bild zusammenpasst und dadurch unbewusst wirkt und diejenige, die schlicht unauffällig konzipiert wurde. Zweitere ist im Volksmund auch unter dem Begriff „Fahrstuhlmusik" bekannt. Im Gegensatz zu Schneider sieht Behne musikalische und visuelle Informationen im Film in seinem Funktionsmodell im Übrigen als gleichwertig an. Er ordnet die Filmmusik dem Filmbild

---

[51] Vgl. Keller, Matthias: *Stars and Sounds*. Kassel 1996, S. 30.

[52] Keuchel, Susanne: *Das Auge hört mit....* Bonn 2000, S. 27.

[53] Schneider, Norbert Jürgen: *Handbuch Filmmusik*. München 1990, S. 72.

[54] Behne, Klaus-Ernst: *Zur besonderen Situation des filmischen Erlebens*. Regensburg 1987, S. 9.

nicht unter, noch spricht er den beiden unterschiedliche Aufgabenfelder zu. Er kategorisiert verschiedene musikalische Reize, die seiner Meinung nach die Aufmerksamkeit des Zuschauers beeinflussen können. Er spricht beispielsweise von „starken Reizen", nämlich Lautstärke und Dissonanzen, „prägnanten Reizen" z.b. leise Trompeten, ausgeprägter Rhythmus oder von „sich verändernden Reizen" wie Taktwechseln.[55] In diesem Zusammenhang spinnt Susanne Keuchel den Gedanken weiter und spricht davon, die gleichwertige Behandlung von Bild und Musik in Behne's Funktionsmodell auch auf diese Kategorisierung zu beziehen. „Starke Reize" wären demnach beim Film exemplarisch schnelle Einstellungswechsel und „prägnante Reize" bezögen sich auf die Kameraführung oder die Veränderung der Bildfarbe.[56]

2.3 Strukturanalytische Ansätze

Neben psychologischen Erklärungsansätzen sind aber auch die strukturanalytischen Beziehungsmodelle entscheidend, um die Beziehung von Musik und Bild zu beschreiben.

Zofia Lissa geht von einer Vielzahl von Aufgabenbereichen aus, die sie der Filmmusik zuweist. So sei die Musik in der Lage, Bewegungen und Geräusche zu illustrieren, sie könne Handlungsstränge vorwegnehmen oder sie vor dem Bildinhalt bereits andeuten, sie diene der Repräsentation des dargestellten Raumes oder der Zeit, könne als Kommentar des Films gesehen werden oder ist Grundlage der Emotionalisierung, um nur einige Beispiele zu nennen.[57]

Die von Lissa eingeführten Funktionstypen wiederum brachten Hansjörg Pauli dazu, diese in die drei folgenden Kategorien einzufügen: Paraphrasierung, Polarisierung und Kontrapunktierung. Paraphrasierende Filmmusik untermalt die Handlung, sie entspricht musikalisch dem Filmbild. Eine extreme Form davon ist das Mickey-Mousing, bei dem das Filmbildgeschehen stark akzentuiert von der Musik untermalt wird. Dabei wird nicht nur grob die Stimmung dargestellt, sondern auch kleinste Bewegungen werden von der Musik synchron begleitet.[58] Polarisierende Filmmusik gibt einem neutralen Bildinhalt erst einen Ausdruck –

---

[55] Keuchel, Susanne: *Das Auge hört mit...*. Bonn 2000, S. 28.

[56] Vgl. Ebd.

[57] Vgl. Lissa, Zofia: *Ästhetik der Filmmusik*. Berlin 1965, S. 105.

[58] Vgl. Maas, Georg/Schudack, Achim: *Der Musikfilm*. Mainz 2008, S. 328.

durch die Musik „kann eine Tür hoffnungsvoll erscheinen, eine Bergwand gefährlich".[59] Kontrapunktierende Filmmusik hingegen ist Musik, die dem Filmbild klar widerspricht.[60] Pauli bezeichnete diese Kategorisierungen zwar als „griffig", distanzierte sich später aber dennoch von ihnen. Nicht nur er selbst, sondern auch andere Filmmusiktheoretiker wie beispielsweise Georg Maas, der sie als „zu pauschal" empfand, kritisierten die Kategorisierungen.[61] Norbert Jürgen Schneider nutzte die Begriffe erneut in einem 1997 erschienenen Werk und bezeichnete sie als „geeignete Analysekriterien". Hinsichtlich dieses Fakts und der Tatsache, dass die Kategorien zum Teil noch immer gelehrt werden, kann man sehen, dass sie sich im Bereich der analytischen Filmmusik trotz Gegenstimmen letztlich etabliert haben.[62]

Betrachtet man die Kontrapunktierung genauer, fällt eine besondere Eigenschaft auf:

> „Musik und gesprochenes Wort können aber auch auseinanderfallen; sie können dem Hörer gleichzeitig verschiedene Informationen vermitteln; der honigseimende Lügner kann durch Musik für den Zuschauer schon entlarvt sein, nicht aber für die im Film handelnden Personen."[63]

De la Motte-Haber sieht in der Filmmusik demnach die Möglichkeit, eine zusätzliche Informationsebene zum Bildinhalt bereitzustellen. Gleichzeitig ist aber auch die Polarisierung in der Lage, neben dem Bild noch weitere Informationen zu übermitteln. So ist das Beispiel des „honigseimenden Lügners" auch hier möglich: eine scheinbar ehrliche Person kann musikalisch als zwielichtig dargestellt werden – das Publikum erhält somit zusätzliche Informationen.[64]

Georg Maas erdachte 1994 ein Filmmusikmodell, das die Komplexität der gesamten Filmhandlung erfassen sollte und bezeichnete es selbst als „strukturalistisches Modell"[65]. Er teilte die Filmmusikfunktionen in 4 Felder auf: die *tektonischen*,

---

[59] Schneider, Norbert Jürgen: *Komponieren für Film und Fernsehen*. Mainz 1997, S. 24.

[60] Vgl. Pauli, Hansjörg: *Filmmusik: Ein historischer Abriss*. Mainz 1976, S. 104.

[61] Maas, Georg/Schudack, Achim: *Musik und Film – Filmmusik*. Mainz 1994, S. 33.

[62] Schneider, Norbert Jürgen: *Komponieren für Film und Fernsehen*. Mainz 1997, S. 24.

[63] Motte-Haber, Helga de la: *Filmmusik*. 1977, S.20.

[64] Vgl. Keuchel, Susanne: *Das Auge hört mit...*. Bonn 2000, S. 37.

[65] Maas, Georg/Schudack, Achim: *Musik und Film – Filmmusik*. Mainz 1994, S. 35.

syntaktischen, semantischen und die *mediatisierenden* Funktionen. Zu den *tektonischen* Funktionen zählt er sowohl Titel- und Abspannmusik, als auch Musikstücke, die in den Film integriert werden. Er weist darauf hin, dass diese jedoch nicht mit der Handlung verknüpft sein müssen. Unter *syntaktischen* Funktionen versteht er Filmmusik, die die Erzählstruktur unterstützt wie die „Verklammerung zeitlich geraffter Vorgänge", „die Akzentuierung von Szenenhöhepunkten" und die „Trennung von Real- und Traumhandlung".[66] Von *Semantischen* Funktionen spricht man, wenn die Musik als „Element der inhaltlichen Gestaltung" genutzt wird. Dabei unterscheidet Maas *konnotative, denotative* und *reflexive* Funktionen. Zu *konnotativen* Funktionen zählt er die stimmungsuntermalende *Mood-Technik*, das bereits erwähnte *Mickey-Mousing* und die physiologische Stimulation. Dazu gehört unter anderem das Sensurround, bei dem tieffrequente Töne bis zu 15Hz erzeugt werden können, die wiederum in der Lage sind, eine starke atmosphärische Wirkung im Kinosaal zu erzeugen. *Denotative* Funktionen sind unter anderem Leitmotive, die auf an- oder abwesende Figuren hinweisen, Inzidenzmusik, die auch von den Figuren innerhalb des Films zu hören ist, das Beschreiben des historischen oder geographischen Kontextes durch die Musik oder auch die musikalische Visualisierung von Handlungselementen, die nicht im Bild zu sehen sind. Die reflexiven Funktionen verweisen auf Musik, die für sich selbst Handlungsgegenstand ist und ebenso wie die Charaktere oder Dialoge ein inhaltstragendes Element darstellt. Die mediatisierenden Funktionen sind Metafunktionen, die zwischen Film und Publikum vermitteln und sich insofern von den bisher betrachteten Filmmusikkategorien unterscheiden, als dass die Musikauswahl durch die Musikpräferenzen der Rezipienten bestimmt ist.[67] Georg Maas stellt anschließend fest, dass sich bei der Analyse konkreter Filmbeispiele zeigen wird, dass Filmmusik zur gleichen Zeit auf mehreren verschiedenen Ebenen wirken kann:

> „Und gerade das zeichnet raffinierte Filmmusik aus: Sie begnügt sich nicht damit, daß sie eine einzige Funktion erfüllt, sondern sie ist mehrschichtig angelegt. Oft ist man durch Filmerfahrung an diese Mehrschichtigkeit so gewöhnt, daß sie gar nicht mehr auffällt."[68]

In diesem Zusammenhang steht auch das folgende Zitat von Norbert Jürgen Schneider:

---

[66] Ebd.
[67] Maas, Georg/Schudack, Achim: *Musik und Film – Filmmusik*. Mainz 1994, S. 35-38.
[68] Ebd., S. 38.

> „…eine Komposition kann nervös und ruhig, auch den Raum darstellend und psychologisierend, formal den Film interpunktierend und zudem unterschwellig sein. Welche Funktion dieses z.B. auf sechs Ebenen bedeutsamen Musikstücks soll nun mit einem Bild in Beziehung gesetzt werden?"[69]

Eine übergreifende Kategorienbildung von Siegfried Kracauer sei an dieser Stelle genannt. Er nutzt die drei Kategorien „kommentierende" und „aktuelle" Musik und „Musik als Kristallationskern des Films".[70] *Kommentierende Musik* bedeutet für Kracauer, dass die Musik parallel oder kontrapunktierend zum Filmbild verläuft. In Kontrast zu vielen anderen Modellen unterscheidet er also nicht zwischen illustrierender und kommentierender Musik, sondern fasst diese beiden Kategorien zusammen. *Aktuelle Musik* ist für ihn Musik, die auch die Figuren innerhalb des Films hören können wie der Geige spielende Bettler oder der pfeifende Zeitungsjunge, der im Film zu sehen ist.[71] Damit zieht er die Aufmerksamkeit auf einen neuen Aspekt des Musik-Filmbild-Zusammenspiels: Filmmusik, die notwendigerweise da sein muss, wenn deren Geräuschquelle im Film zu sehen ist. So würde das Fehlen der Musik sofort auffallen, wenn spielende Musiker im Bild zu sehen sind, aber schlicht keine Musik gespielt wird. *Musik als Kristallationskern des Films* und genauer *verbildlichte Musik* ist Musik, die die Auswahl der Filmbilder und die rhythmische Gestaltung der Filmbilder bestimmt. Das Filmbild orientiert sich dabei an der Musik und schafft Bilder, die, inspiriert von der Musik, perfekt zu ihr passen.[72] An dieser Stelle sei noch einmal ausdrücklich erwähnt, dass die vorgestellten Filmmusikfunktionsmodelle in der vorliegenden Arbeit nur als Mittel zum Zweck angesehen werden dürfen. Eine exakte und vollständige Beschreibung der Beziehungen zwischen Bild und Ton darzulegen ist für die eigentliche Untersuchung weniger wichtig als vielmehr die genannten Modelle für die spätere Bild- und Musikanalyse zu nutzen.

2.4 Formulierung der Hypothesen

Die im letzten Kapitel dargestellten Funktionsmodelle von Musik im Film verdeutlichen, dass sich die Musik im Normalfall immer auf die Bildinhalte bezieht: die Musik kommentiert, untermalt, parodiert usw. die visuelle Ebene. Da Musik

---

[69] Schneider, Norbert Jürgen: *Handbuch Filmmusik*. München 1990, S. 79.

[70] Kracauer, Siegfried: *Theorie des Films*. Frankfurt am Main 2012, S. 193-213.

[71] *Aktuelle Musik* ist vergleichbar mit der Inzidenzmusik.

[72] Vgl. Kracauer, Siegfried: *Theorie des Films*. Frankfurt am Main 2012, S. 193-213.

im Film oftmals den visuellen Filminhalten angepasst wird, beschränken sich auch die meisten theoretischen Abhandlungen auf eine Erforschung der Wirkung der Musik auf die Filmbilder. Geht man aber nun von Filmbeispielen aus, in denen bereits existierende Musik genutzt wird, so könnte man vermuten, dass die Filmbilder sich der Musik anpassen müssten. In experimentellen Untersuchungen wurden zwar oft die Filmbilder einmal mit und einmal ohne Musik gezeigt, selten aber die Musik einmal mit und einmal ohne Filmbilder. Lediglich die bereits angeführte Untersuchung von Behne, Endewardt und Prox aus dem Jahr 1993 bildet insofern eine Ausnahme, dass hierbei die Musik gleich bleibt und das visuelle Material sich ändert. Die Untersuchung, die sich explizit mit klassischen Musikvideos beschäftigte, nutzte vier unterschiedliche Musikvideos und unterlegte diese mit der gleichen Musik.[73]

Für die recht einseitigen Forschungsansätze von Musik-/Bildbeziehungen im Film könnte auch die bereits genannte visuelle Dominanz gegenüber der auditiven eine Rolle spielen. Susanne Keuchel spricht von einer „Angst, dass die fremdbestimmte Zuordnung von Bildern das musikalische Assoziationsspektrum einschränke"[74], dass die Musik durch die Bilder also so stark besetzt werde, dass Bild und Musik nicht mehr voneinander zu trennen sind – zum Missfallen vieler Musikwissenschaftler, so Keuchel.[75] Den Vorwürfen, dass ausschließlich das Fernsehen Musik assoziativ besetzt, erwehrt sich auch Klaus-Ernst Behne, indem er schreibt:

> „Unerwünschte assoziative Besetzungen der Musik (die genauso durch Lektüre über Musik, Sitznachbarn im Konzert, wohlmeinende Musikdidaktik und vieles mehr erfolgen kann!) gibt es auch durch Musik im Fernsehen, aber es wäre kaum zu legitimieren, sie als eine für diese Rezeptionsform typische Begleiterscheinung einzuordnen."[76]

Geht man nun von der üblichen Betrachtungsweise aus, dass Filmmusik die Wahrnehmung der Filmbilder verändert, kann man diese Annahme schlicht in die entgegen gesetzte Richtung verkehren, um eine umgekehrte Sicht zu erhalten. Die erste Hypothese ist daher:

---

[73] Vgl. Behne, Klaus-Ernst/Endewardt, Ulf/Prox, Lothar: *Lieben Sie Debussy?* 1994.
[74] Keuchel, Susanne: *Das Auge hört mit....* Bonn 2000, S. 39.
[75] Vgl. Ebd.
[76] Behne, Klaus-Ernst: *Vorsicht: Klassik-Videos. Über die Wirkung optisch verpackter Musik.* In: Neue Musikzeitung. Heft 4. Regensburg 1995, S. 40.

H₁ = Filmbilder beeinflussen die Wahrnehmung von der im Film verwendeten Musik

Eine weitere Frage ist, ob die Filmbilder auch die Wahrnehmung der Struktur von Musik verändern können. Neben der Möglichkeit, dass der optische Reiz den akustischen unterdrücke, kann es in Anbetracht der Interferenz ebenso möglich sein, dass beide Informationskanäle sich positiv beeinflussen und mehr Informationen vom Zuschauer wahrgenommen werden. Voraussetzung hierfür ist, dass die Musik und das Bildmaterial in einem Zusammenhang stehen müssen, sei es, dass die Musik und das Bild in Rhythmus übereinstimmen oder dass sie die Stimmung für die Bildhandlung erzeugt. Die zweite Hypothese ist:

H₂ = Rezipienten sind in der Lage, musikalische Strukturen in einer audiovisuellen Darbietung besser zu erkennen als in einer Auditiven

Die dritte Hypothese beschäftigt sich mit der Frage nach einer möglichen Veränderung des musikalischen Präferenzverhaltens und orientiert sich stark an einer Hypothese Susanne Keuchels.[77] Wie bereits erläutert sieht Leon Crickmore in Bildern im Zusammenhang mit Musikdarbietung eine Brückenfunktion: die musikalische Hörerbereitschaft kann durch Filmbilder aktiviert werden. Sieht ein Zuschauer einen Film mehrmals verlagert sich das Interesse vom anfänglichen Bezug auf das Bild immer mehr auf die Musik. Dabei ist interessanterweise zu untersuchen, ob diejenigen Rezipienten, die den Film bereits kannten und damit das Stück bereits gehört haben, das musikalische Material positiver bewerten. Die letzte Hypothese lautet:

H₃ = Ansprechendes Filmbildmaterial kann das musikalische Präferenzverhalten positiv beeinflussen

---

[77] Vgl. Keuchel, Susanne: *Das Auge hört mit...*. Bonn 2000, S. 42.

3 Methodenbeschreibung

3.1 Untersuchungsdesign

Um die ausgestellten Hypothesen überprüfen zu können, sollen zwei Umfragen durchgeführt werden, die die Musikwahrnehmung von Rezipienten in einer audiovisuellen und einer auditiven Vorführsituation vergleichen. Dafür wurden die Umfragen so konzipiert, dass sie die audiovisuellen und auditiven Elemente beinhalteten und online zu beantworten waren. Um eine Verbreitung der Umfrage unter hauptsächlich Musikern zu vermeiden, wurde darauf geachtet, den Fragebogen nicht nur im Bekanntenkreis, sondern möglichst heterogen in Umlauf zu setzen. Da dies, aufgrund des Online-Fragebogens, nur online geschah, konnten Internet-fremde Menschen nicht angesprochen werden. Verbreitet wurde die Umfrage in den Foren von *www.student.de*, *www.unicum.de*, dem Forum der Universität Duisburg-Essen (*www.forum.uni-due.de*), dem Forum des hiesigen *studip*-Formats und dem sozialen Netzwerk *facebook*.

Durch eine Recherche im Internet wurden diese Webseiten ausgewählt, da Umfragen, die auf den drei erstgenannten Foren publiziert wurden, hohe Zugriffszahlen aufwiesen. Die soziale Plattform *facebook* wurde gewählt, da ein hoher Zuspruch von Freunden und Bekannten gegenüber des Fragebogens auch eine hohe Beantwortungszahl und Verbreitung versprechen sollte. Auch wenn ein hoher Grad an Heterogenität angestrebt wurde, festigte sich die Erwartung, dass es unter den gegebenen Umständen eine hohe Zahl an Studierenden sein werde, die den Fragebogen beantworten wird. Die Fragebogen waren dabei so konzipiert, dass es eine Filmgruppe und eine Musikgruppe gab. Die Filmgruppe sah Filmszenen und beantwortete einen Fragebogen, der auf eine audiovisuelle Darbietungsform zugeschnitten war, wohingegen die Musikgruppe einen Fragebogen zur Musikdarbietung beantwortete. Die Fragebögen wurden auf die verschiedenen Foren und Webseiten folgendermaßen aufgeteilt: auf dem Forum der Universität Duisburg-Essen und der Plattform *facebook* wurde die Umfrage der audiovisuellen Darbietung, auf den Webseiten *www.student.de*, *www.unicum.de* und *Studip* die Umfrage der Musikdarbietung gestellt. Da vermutet wurde, dass das Interesse an einer Umfrage zu audiovisuellen Darbietungen stärker wäre, wurde der Musikfragebogen auf mehr Webseiten öffentlich gemacht als der Filmfragebogen. Da bei der Recherche im Internet die Umfragen auf *www.student.de* die höchsten Zugriffszahlen hatten, wurde der Musikfragebogen auf dieser Seite veröffentlicht, um eine möglichst gleichmäßige Anzahl an Antworten zu den Film- und Musikfragebögen zu erhalten.

3.2 Auswahlverfahren des Filmmaterials

Um eine geeignete Filmmusikauswahl zu erhalten, war der erste Schritt, eine Übersicht über alle Filme zu erhalten, in denen klassische Musik enthalten ist. Dabei halfen einige Foren, in denen speziell dieses Thema behandelt wurde. Hauptquelle war jedoch die Website www.naxos.com mit der Rubrik *Classical Music in Movies*.[78] Eine alphabetische Liste vieler Filme mit klassischer Musik erleichterte die Suche. Das Hauptkriterium dabei war die Jahreszahl. Ausgehend von dem Film *Zauber der Venus*, der in dem Jahr 1991 erschien, und der „neueste" Film aus der Auswahl von Susanne Keuchel ist, war diese Jahreszahl der Grenzwert – es sollten keine älteren Filme für die eigene Umfrage genutzt werden. Weiterhin war zu bedenken, dass Filme, die zeitnah produziert wurden und moderner in ihrem Design sind, eher in das Schema der Sehgewohnheiten der Rezipienten passen. Wie bereits erwähnt ist eine Vorführsituation, die den Rezipienten möglichst vertraut ist, eine wichtige Voraussetzung. Daher wurde das Jahr 1991 zwar als Grenzwert genommen, aber vorrangig nach Filmen gesucht, die – bezogen auf das Produktionsjahr – noch nicht so lange zurückliegen. Ebenfalls wichtig war, dass die Filme bereits einen gewissen Bekanntheitsgrad erreicht hatten. Es sollten also keine *Independent*-Filme sein, sondern international anerkannte Filme, bewertet nach Einspielergebnissen, Auszeichnungen, Regisseur oder Besetzung. Inspiriert von Susanne Keuchel wurden zusätzlich zu den bisher genannten Kriterien auch folgende bei der Vorauswahl möglicher Filmszenen berücksichtigt: es dürfen keine schwarz-weiß Filme sein und es darf keine reale Konzertsituation auf der visuellen Ebene stattfinden. Dialoge sollen vermieden werden, Sprache sollte allgemein gar nicht oder, wenn nicht anders möglich, kaum zu hören sein und die gewählten Szenen sollten mindestens 30 Sekunden lang sein, um einen gewissen Eindruck bei den Rezipienten zu erzeugen.

Den Kriterien folgend wurden 19 Filmszenen aus 16 Filmen ausgewählt und so zurechtgeschnitten, dass sie einem kleinen Kreis an Musikwissenschaftlern präsentiert werden konnten. In Zusammenarbeit mit diesen wurden die Szenen einer der drei Kategorien Paulis zugeordnet und für sich stehend sowie hinsichtlich der Nutzbarkeit bei der Umfrage bewertet. Einige der Szenen (z.B. alle drei Szenen aus *Tree of Life*) hatten für sich stehend eine außergewöhnlich starke Anziehungskraft, wurden aber im gemeinsamen Gespräch als nicht verwendbar eingestuft, da sie für die Umfrage zu kryptisch waren. Andere Szenen wie aus dem Film *Hannibal* sind zwar keine reale Konzertsituation, die vermieden werden sollte, zeigen

---

[78] http://www.naxos.com/musicinmovieslist.asp (Letzter Zugriff: 30.12.2014)

Hannibal Lecter aber schlicht bei einem Konzert, weshalb diese Szene ebenfalls nicht mit in eine engere Filmauswahl aufgenommen wurde. Nach eingehenden Besprechungen waren es letztendlich die vier Filme *Die Verurteilten* (1995), *Equilibrium* (2002), *V wie Vendetta* (2006) und *Django Unchained* (2012), die für die Fragebögen ausgewählt wurden. Auserkoren wurden diese Filme, da sie besonders in den gewählten Filmszenen eine hohe emotionale Wirkung auf den Zuschauer haben und diese Szenen innerhalb des Films stark dramaturgische Elemente oder gar Schlüsselmomente des Films sind. In *Die Verurteilten* gelingt es dem Protagonisten Andy Dufresne, seinen Mitgefangenen über die Lautsprecher ein Duettino aus Wolfgang Amadeus Mozarts *Die Hochzeit des Figaro* auf Schallplatte vorzuspielen. Die Gefangenen, die seit Jahren keine Musik gehört haben, sind irritiert und berührt zugleich. In *Equilibrium* entsteht ein ähnliches Szenario: in einer Welt, in der keine Gefühle erlaubt sind sowie auch all das verboten ist, was Gefühle erzeugt, wie Musik und Bücher, hört der Protagonist John Preston zum ersten Mal in seinem Leben Musik – der Beginn des ersten Satzes der neunten Sinfonie von Ludwig van Beethoven. Er ist tief berührt, die Szene ist eine der wichtigsten des Films. In *V wie Vendetta* werden in der finalen Szene die *Houses of Parliament* gesprengt, untermalt von der Ouverture solennelle „1812" op. 49 von Pjotr Iljitsch Tschaikowski. Kurz zuvor starb die Hauptperson des Films, der Revolutionär mit dem Namen V, doch sein Werk wird beendet und die Szene emotional aufgeladen. Die gewählte Szene des Films *Django Unchained* zeigt einen der Hauptprotagonisten Dr. King Schultz wenige Momente vor seinem Tod. Die bevorstehende Befreiung der Sklavin Broomhilda von Shaft erzeugt einen Spannungshöhepunkt, da dies das lang geplante Ziel von Schultz und Broomhildas Ehemann Django Freeman war. Die Szene wirkt ruhig, doch gerade die spannungsvolle Ruhe macht die Szene zu einem wichtigen Moment des Films.

Die vier Filmszenen wurden auch nach den Kategorisierungen Paulis gewählt. So hat jede dieser Filmszenen eine eigene Beziehung zu der Musik: die Musik aus der Szene von *Die Verurteilten* ist polarisierend, aus *Equilibrium* paraphrasierend, aus *Django Unchained* kontrapunktierend und *V wie Vendettas* Musik ist eine Mischform aus Kontrapunktierung und Paraphrasierung. Zwar unterstreicht die Musik den Rhythmus der Explosionen und der Plan des Protagonisten V wird erfüllt, doch wird eines der wichtigsten Gebäude der englischen Regierung gesprengt – hier widerspricht die heroische, pathetische Musik stark dem Bildinhalt. Da bei vier Videobeispielen jedoch die Frage gestellt werden musste, ob der Fragebogen zu lang geworden wäre, wurden letztendlich nur drei Szenen für die Umfrage genutzt. *V wie Vendetta* schied an dieser Stelle aus.

Es soll an dieser Stelle noch auf Probleme bei der Filmszenenauswahl hingewiesen sein. So sind einige Angaben auf der Website *www.naxos.com* falsch oder zumindest fehlerhaft. Beispielsweise ist eine Filmszene aus dem Film *Social Network* laut *Naxos* mit dem Stück *In der Halle des Bergkönigs* von Edvard Grieg unterlegt. Für den Film wurde aber eine modernisierte, elektronische Version von Trent Reznor und Atticus Ross verwendet, die stark vom Original abweicht. Bei dem Film *Stolz und Vorurteil* lag ein ähnliches Problem vor. Statt des Rondos aus der *Abdelazer Suite* wie auf *Naxos* angegeben, wurde das Stück *A Postcard to Henry Purcell* gespielt, das eigens für den Film komponiert wurde. Das Stück enthält die Melodie des Rondos, jedoch ist es für den Film neu arrangiert. In Fällen wie diesen wäre eine zusätzliche Notiz für die Nutzer vorteilhaft. Eine weitere Erschwernis ist die Unvollständigkeit der Liste gerade im Zusammenhang mit moderneren Filmen, da diese nur selten aufgelistet sind. Eine generelle Problematik der Übersicht ist eine fehlende Zeit- oder Szenenangabe zu den jeweiligen Stücken. Dadurch ist die Suche nach den Stücken innerhalb des Films, gerade wenn der Film unbekannt ist, deutlich erschwert. Doch konnte an dieser Stelle in einigen Fällen die *Internet Movie Database*, kurz *IMDb*, weiterhelfen. *IMDb* stellt zu jeder Art Film zahlreiche Informationen bereit und verfügt über einige sehr sinnvolle Funktionen. So kann zum Beispiel ein Stück eines Komponisten gesucht werden und passend dazu werden dann alle Filme, in denen dieses Stück verwendet wurde, aufgelistet. Unter der Rubrik *Soundtrack* eines Films werden die genutzten Stücke sehr detailliert angeführt. Neben dem Namen des Komponisten und des Stücks findet man auch Informationen über den Interpreten des Werks, z.B. welches Orchester das Stück aufführte oder unter welchem Plattenlabel das Stück veröffentlicht wurde. Neben der Übersicht des Soundtracks konnte man zu manchen Filmen auch eine äußerst nützliche Funktion bei *IMDb* nutzen: so gab es manchmal unter der Rubrik *FAQ* (Frequently Asked Questions) eine Auflistung, in welcher Szene des Films die Stücke des Soundtracks verwendet wurden. Unter der Bedingung, den Film bereits gesehen zu haben, erwies sich diese Liste als eine große Hilfe beim Finden der gesuchten Szene.

3.3 Entwicklung des Fragebogens

Um die aufgestellten Hypothesen überprüfen zu können, muss zunächst bedacht werden, dass der Fragebogen sowohl einen Fragebereich zur Analyse des audiovisuellen Materials (Tempo, Spannungsverlauf, u.a.) sowie einen Teil zum ästhetischem Empfinden (Gefallen, Ausdruck u.a.) beinhaltet. Dabei soll jedoch auf musikalische Begriffe wie „Tempo", „Dynamik", „Harmonik", „Form" etc. verzichtet werden, da diese Begriffe den Teil der musikalischen Laien verwirren könnte. Es sollen daher bekannte Formulierungen wie „laut", „traurig", „spannender werdend" verwendet werden. Paulis Kategorisierungen spielen im Fragebogen eine Rolle spielen, werden aber ebenfalls nicht in ihren Begriffen aufgeführt, sondern für Laien mit Beispielen verständlich gemacht.

Wie bereits dargelegt ist es notwendig, die Vorerfahrungen der Versuchspersonen mit dem musikalischen Repertoire zu erfragen, da so untersucht werden kann, ob wiederholte Darbietungen die musikalischen Präferenzen ändern. Auch die Haltung der Probanden dem Film gegenüber ist im Fragebogen unbedingt zu erfragen. Bei den Versuchsteilnehmern, die den Film nicht kennen, sondern nur den Filmausschnitt, der ihnen innerhalb der Befragung präsentiert wird, ist die Haltung gegenüber der Filmszene zu untersuchen. Auch die soziodemographischen Merkmale sind entscheidend, da diese ebenso die Einstellung zur Musik beeinflussen können. Klaus-Ernst Behne thematisierte 1975 diese außermusikalischen Faktoren, die eine veränderte Wahrnehmung der Musik hervorrufen können:

> „Ein musikalisches Konzept ist die Summe von Vorstellungen, Einstellungen, Informationen, Vorurteilen etc., die ein Individuum hinsichtlich eines bestimmten, mehr oder weniger begrenzten musikalischen Objektes besitzt."[79]

Jeder Mensch hat, bedingt durch den Verlauf seines Lebens, andere Vorlieben und reagiert auf Musik dementsprechend anders. So kann es sein, dass ein Stück aus einem Genre, das der Person eigentlich nicht zusagt, dennoch positiv bewertet werden kann. Neben der gesellschaftlichen Schicht und dem Alter sollte ebenfalls das Geschlecht untersucht werden, da auch in diesem Bereich Unterschiede in der Musikwahrnehmung vorhanden sein können. Generell betrachtet soll der Fragebogen die gängigen soziodemographischen Merkmale und darüber hinaus einige spezielle Musikbezüge erfassen: das Alter, das Geschlecht, der berufliche Status, die Fähigkeit ein Instrument zu spielen, die Hörgewohnheiten bezüglich klassischer Musik und die Sehgewohnheiten von Filmen. Weiterhin sind nicht nur der Eindruck und das Präferenzverhalten der einzelnen Wahrnehmungsebenen – Musik und Bild – wichtig, sondern auch die Kombination beider im Zusammenhang zueinander.

Der Fragebogen ist generell so aufgebaut, dass die drei gewählten Filmszenen jeweils am Anfang eines Frageblocks stehen: man sieht Filmszene eins und im

---

[79] Behne, Klaus-Ernst: *Musikalische Konzepte – Zur Schicht- und Altersspezifität musikalischer Präferenzen*. Mainz 1975, S. 36.

Anschluss daran kommen die Fragen zu der Filmszene, dann sieht man Filmszene zwei und wieder die Fragen zu dem Beispiel usw. So ist ein erster ‚Eye Catcher' gegeben und das Interesse bei den Befragten geweckt – dem erwartungsgemäß trockenen Einstieg in einen Fragebogen wird damit ein leichter Zugang mithilfe eines vertrauten Mediums entgegen gesetzt. Noch leichter soll der Einstieg dadurch werden, dass der vermeintlich sehr bekannte *Django Unchained* als Einführung in den Fragebogen dient. Dass die Wahl auf diesen Film fiel, hat jedoch auch noch einen anderen Grund. So ist das in *Django Unchained* verwendete Stück *Für Elise* so bekannt, dass der doch sehr plötzliche Einstieg ohne jegliches Wissen, worum es genau in dem Fragebogen geht, durch ein anderes Filmbeispiel wohl zu überfordernd sein könnte. Durch den hohen Bekanntheitsgrad von sowohl *Django Unchained* als auch *Für Elise* und der damit einhergehenden hohen Wahrscheinlichkeit, beide Werke zu kennen, wird vermutet, dass es leichter fällt, die anschließenden Fragen beantworten zu können. Es wurde bewusst entschieden, dass keiner der Befragten genau weiß, worum es geht, um Verfälschungen der Ergebnisse zu vermeiden. Würden die Versuchspersonen den Hintergrund der Befragung kennen, würden sie bewusster auf die Musik im Film achten, als sie das in einer natürlichen Situation tun würden. So werden die potentiellen Versuchspersonen nur den Titel „Klassische Musik im Film" für den Fragebogen erhalten. In der Einleitung zum Fragebogen soll außerdem nur erwähnt sein, dass drei Filmbeispiele gezeigt werden, die mit klassischer Musik unterlegt sind. Worauf genau die Versuchspersonen ihre Aufmerksamkeit lenken, wird erst im Laufe der Fragen zum ersten Beispiel klar, was zu einem Problem führt, das später noch genauer betrachtet werden soll.

Manche der Fragen wie „Kennen Sie den Film?" oder „Wie hat Ihnen der Film gefallen?" sind bei jedem der drei Szenenbeispiele identisch. Andere Fragen wiederum beziehen sich speziell auf einzelne Punkte innerhalb nur einer der drei Filmszenen. Um in dem Fragebogen unnötige Längen für die Versuchspersonen zu vermeiden, soll die technische Möglichkeit genutzt werden, Fragen zu überspringen. Kennt man den Film beispielsweise nicht, sollen Nachfragen über den Film schlicht übersprungen werden und der Versuchsteilnehmer bekommt diese gar nicht erst zu sehen. Das ‚Problem der Mitte' soll dadurch umgangen werden, dass eine sechsteilige Skala genutzt wird, damit die Versuchspersonen aufgefordert werden, sich für eine Seite zu entscheiden. Für die Polaritätspaare diente Susanne Keuchels Befragung als Inspirationsquelle. Die von ihr genutzten Adjektive sind jedoch zu umfangreich für die eigene Befragung, sodass nur einige davon genutzt werden. Die verkleinerte Auswahl soll dann jedoch noch entsprechend der eigenen Filmbeispiele in geringem Umfang erweitert werden: für die Szene aus *Django Unchained* wird beispielsweise eine neu arrangierte Version von *Für Elise* verwendet – gespielt von einer Harfe. Und in Verwendung mit der bedrohlichen Szene erzeugt das ruhige Harfenstück mit seinen doch ausdrucksstarken Variationen in der Spielweise eine interessante Atmosphäre, die die Wahrnehmung des Stückes beeinflussen könnte. Unter diesem Gesichtspunkt sollen noch die Begriffe „geheimnisvoll" und „bedrohlich" Eingang in die Polaritätspaare finden. Die meisten der Fragen sollen geschlossene Auswahlfragen sein, um eine gute Vergleichbarkeit zu garantieren. In den wenigsten Fällen bieten sich offene Fragen an, lediglich bei den Fragen nach dem Titel des Films oder des Musikstücks. Die soziodemographischen Merkmale werden entgegen der Praxis von Susanne Keuchel an das Ende des Fragebogens gestellt. Stehen diese am Anfang des Fragebogens könnte das potentielle Teilnehmer der Befragung abschrecken, stehen sie aber am Ende ist die Überwindung größer, den Fragebogen abzubrechen, da damit die investierte Zeit und Arbeit vergebens gewesen wäre.

3.4 Durchführung der Befragung

Um möglichst viele Versuchsteilnehmer anzusprechen, wurde ein Onlinefragebogen erstellt, der mithilfe von *Google Drive*, genauer *Google Forms*, realisiert wurde. Die genutzten Filmszenen wurden so zurechtgeschnitten, dass möglichst keine Sprache zu hören ist, was jedoch teilweise zu unschönen Schnitten in der Musik führte. Bei zwei der drei Filmszenen ist keine Sprache zu hören, nur bei *Die Verurteilten* hört man kurz einen gesprochenen Satz, der jedoch nach einer Diskussionsrunde mit dem kleinen Kreis aus Musikwissenschaftlern nicht als ablenkend für die Versuchsteilnehmer empfunden wurde. Die Filmszenen wurden dann auf der Videoplattform *Youtube* hochgeladen. Um rechtliche Probleme zu vermeiden, wurde die Option genutzt, die Videos als „nicht gelistet" aufzuführen. Das bedeutet, dass die Videos nur über den bereitgestellten Link und nicht über die Suchfeldeingabe zu erreichen sind. Somit sahen nur die Teilnehmer der Befragung die Filmszenen und *Youtube* war beim Hochladen der Videos im Bezug auf das Sperren der Videos entgegenkommender. Auch ohne eine Angabe über den Inhalt des Videos gemacht zu haben, ist *Youtube* in der Lage, die Videos den Rechtinhabern zuzuweisen. Ohne eigenes Zutun ist beispielsweise unter dem Videomaterial von *Django Unchained* vermerkt, dass der visuelle Inhalt von *Sony Pictures Movies & Shows*[80] verwaltet wird.

---

[80] https://www.youtube.com/watch?v=0a4SI7xZ4NY (Letzter Zugriff: 30.12.2014)

Wegen der eingeschränkten Sichtbarkeit war eine Spiegelung des Videomaterials nicht nötig und die Versuchspersonen konnten die Filmszenen ohne den Irritationsmoment schauen, den gespiegelte Videos im ersten Moment bei Bekanntsein des Films vermutlich verursacht hätten. Trotz der entgegenkommenden Haltung *YouTubes* in rechtlichen Angelegenheiten der genutzten Videos wurde aufgrund von Verletzung der Urheberrechte eines der Musikstücke, die für den Musikfragebogen zu *YouTube* gestellt wurden, gelöscht. Die Folge davon war, dass eine andere Aufnahme verwendet werden musste. Dieses Thema wird an späterer Stelle noch näher betrachtet. Da das Videoportal *YouTube* mittlerweile auch zu dem Internet-Konzern *Google* gehört, war eine Einbindung des Videomaterials durch die „Einbetten"-Funktion in den Fragebogen problemlos möglich. Eine Einbindung der Filmszenen in den Fragebogen sollte den Effekt erzielen, die Konzentration der Versuchspersonen aufrecht zu erhalten. Hätte eine Einbindung nicht funktioniert, wären verschiedene Probleme aufgetreten. Hätten die Probanden einen Link öffnen müssen, der sie zu einer anderen Seite bringt, hätten sie sich gezwungenermaßen aus der ‚Fragebogen-Situation' hinaus bewegen müssen und vermutlich die Konzentration verloren. Zusätzlich wäre dieser Effekt noch durch die zahlreichen Videovorschläge, die den Zuschauer bei YouTube anregen sollen weiterzuklicken, verstärkt worden. Darüber hinaus hätte auch die Werbung bei denjenigen Nutzern, die keinen Werbeblocker verwenden, die Konzentration stark beeinträchtigen können. Durch die Einbindung der Filmszenen konnten diese potentiellen Probleme weitestgehend vermieden werden. Die Videodateien wurden in einer bestmöglichen Auflösung und Qualität hochgeladen, da eine schlechte Qualität zum einen wichtige Details wie Mimik der Schauspieler verschleiert hätte. Zum anderen sollte die Bedingung erfüllt werden, die Versuchsteilnehmer möglichst in ihre gewohnte Rezeptionssituation zu bringen.

Die Musikstücke, die für den Musikfragebogen verwendet wurden, sollten denen im Videomaterial möglichst genau entsprechen. Die erste Überlegung, die Tonspur der Filmszenen zu verwenden, erwies sich als nicht realisierbar, da Nebengeräusche, die man nicht sieht, schlicht zu Irritationen geführt hätten. Sowohl die Soundtracks zu den Filmen als auch *IMDb* hielten bei den genutzten Filmszenen keine Informationen zu den Aufnahmen wie Plattenlabel oder Orchester bereit. Bei der Suche nach möglichst genauen Entsprechungen der Filmmusikstücke kam es jedoch zu einem Problem bei dem Film *Django Unchained*. Die Aufnahme aus dem Film war nicht Teil des Soundtracks und daher nicht erhältlich. Nach Recherche im Internet konnte die Harfenistin der Aufnahme, Ashley Toman, ausfindig gemacht und kontaktiert werden. Nach kurzem E-Mail Kontakt und Darlegung der Situation erklärte sie sich bereit, eine alte Aufnahme von ihr von *Für Elise* zu senden und ermöglichte damit ein Musikbeispiel, das der Filmversion sehr ähnlich war. Dennoch gab es Unterschiede zwischen der Filmversion und jener von Ashley Toman. So ist ihre Aufnahme nicht ganz so sauber gespielt wie die des Films und auch der Aufbau ist anders. Toman schrieb in einer Email, dass der Regisseur des Films Quentin Tarantino ihre Aufnahme etwas anders anordnete, sodass einige Phrasen im Film länger zu hören sind. Dennoch wurde darauf geachtet, dass die Teile des Stücks, die im Film zu hören sind, auch in der Audioversion vernehmbar sind und die Teile, die bewusst im Film weggelassen wurden, auch nicht in der Audioversion hörbar sind. So wird der B-Teil des Stückes in der Filmversion nicht verwendet und der C-Teil nur kurz angedeutet.

Der Musikfragebogen unterscheidet sich nur in wenigen Punkten von dem Filmfragebogen. Er ist größtenteils identisch, um eine hohe Vergleichbarkeit bei der Auswertung zu gewährleisten. Die Fragen zum Bildinhalt sind verständlicherweise nicht mit enthalten. Anstelle der Filmszenen sind die Musikstücke gerückt, die ebenfalls bei YouTube hochgeladen wurden – lediglich ohne Bild bzw. mit schwarzem Bild. Der Fragebogen ist im Allgemeinen durch das Wegfallen der Filmfragen wesentlich kürzer als der Filmfragebogen. Am Anfang beider Fragebögen wurde deutlich erklärt, dass die Befragung absolut anonym ablaufe. Es wurde ebenso darauf hingewiesen, dass die Fragen ohne lange darüber nachzudenken beantwortet werden sollen und dass es bei der Beantwortung der Fragen nicht um Wissen gehe, sondern um den Ersteindruck.

4 Musik-/Filmbildanalyse des Filmmaterials

4.1 Methodische Kriterien für die Filmanalyse

Bei der Musik- und Filmbildanalyse der Untersuchungsbeispiele soll sich an den Analysekriterien von Susanne Keuchel orientiert werden.[81] Dabei werden die Filmbild- und die Musikelemente erfasst, um einen Zusammenhang der beiden zueinander erkennen zu können:

Filmbildelemente	Musikelemente
Kameraeinstellung	Melodik
Kameraperspektive	Harmonik
Beleuchtung	Rhythmik, Metrik
Bewegung	Dynamik
Dramaturgie	Instrumentierung
Geräusche	Text (Gesang)

Die Musikelemente sollen dabei als den Filmbildelementen ebenbürtig betrachtet werden, was bei früheren Untersuchungen nicht immer der Fall war. So hat Werner Faulstich zwar auch von einer gleichgestellten Analyse von auditivem wie visuellem Material gesprochen, doch kann man bei ihm beobachten, dass Musik keine eigene Rubrik besitzt, sondern sich den Platz mit den Geräuschen teilt.[82] Wenn man die Analyse der Musikelemente in die Analyse der Filmbildelemente einbindet, wird der Vorteil ersichtlich, dass eine bessere Erkennung von punktuellen Musik- und Filmbildelementen möglich ist. Daher sollen Filmbilder und Musik möglichst in Verbindung miteinander analysiert werden. Zu Beginn der Analysen sollen zunächst eine kurze inhaltliche Zusammenfassung der Szene sowie eine Einordnung der Szene in den gesamten Film erfolgen.

An dieser Stelle soll angemerkt werden, dass die folgende Filmanalyse nur Mittel zum Zweck ist. Es ist für die Umfrage weniger wichtig, eine möglichst vollstän-

---

[81] Vgl. Keuchel, Susanne: *Das Auge hört mit...*. Bonn 2000, S. 75.
[82] Vgl. Faulstich, Werner: *Einführung in die Filmanalyse*. 4., unveränd. Aufl. Tübingen 1994, S. 123.

dige Beschreibung von Musik und Bild zu erreichen, als vielmehr auffällige Musik-/Filmbeziehungen offenzulegen, da deren Zusammenhang auch von weniger geschulten Hörern herausgefunden werden kann.

4.2 Kurzbeschreibung des verwendeten Filmmaterials

Zu Beginn der Analysen sollen zunächst eine kurze inhaltliche Zusammenfassung der Szene sowie eine Einordnung der Szene in den gesamten Film erfolgen. Im Anschluss daran sollen die verschiedenen Filmbildelemente im Zusammenhang mit den Musikelementen in den drei ausgewählten Filmszenen näher betrachtet werden.

4.2.1 Filmszene aus *Django Unchained* zu der Musik von Ludwig van Beethoven *Klavierstück a-Moll WoO 59 „Für Elise"*

In *Django Unchained* geht es im Haupthandlungsstrang darum, dass der einstige Sklave Django seine Frau Broomhilda befreien will. Dr. King Schultz, der als Kopfgeldjäger zu Beginn des Films auf die Hilfe Djangos angewiesen war und ihn daher befreite, möchte ihn bei seinem Vorhaben unterstützen. Die beiden gehen zu dem Plantagenbesitzer Calvin Candie, in dessen Besitz sich Broomhilda befindet, und wollen ihn mit einer Lüge überlisten. Durch den Hausdiener Stephen wird der Plan jedoch enttarnt und die Angelegenheit droht zu eskalieren. Der Verkauf Broomhildas an Dr. King Schultz und Django findet trotz gegenseitiger Abneigung statt. Als Calvin Candie am Ende der Verhandlungen jedoch einen Händedruck verlangt, den Dr. King Schultz aufgrund seiner tiefgreifenden Aversion ihm gegenüber nicht bereit ist zu geben, nutzt Schultz die Situation und erschießt Calvin Candie. Im Feuergefecht wird daraufhin auch Dr. King Schultz erschossen. Der Film endet damit, dass Django und Broomhilda frei und wieder miteinander vereint sind.

Die gewählte Filmszene spielt kurz vor dem Tod von Dr. King Schultz. In der Szene sieht man, wie Calvin Candie gerade das Formular aufsetzt und unterschreibt – der Plan von Dr. King Schultz und Django scheint also aufzugehen. Dr. King Schultz sitzt währenddessen in einem Sessel und wartet auf die Fertigstellung des Vertrags. Dabei wird *Für Elise* von Ludwig van Beethoven von einer Harfenistin gespielt. Dr. King Schultz wird in diesem Moment von den erst kurz zurückliegenden Erinnerungen gequält, in denen ein Sklave Calvin Candies von dessen Hunden auf grausame Weise zerfleischt wird.

Die Szene strahlt aufgrund der Feindseligkeiten beider Lager zueinander eine starke Spannung aus. Nachdem sich der wahre Grund für die Ankunft von Django und Dr. King Schultz herausstellte, wurde der einstige Gastgeber zum Feind. Unter diesem Gesichtspunkt befinden sich Django und Dr. King Schultz auf feindlichem Gebiet, das von Calvin Candies Untergebenen bewacht wird. Das sieht man beispielsweise in der Szene, in der ein Handlanger Candies sich mit seiner Schrotflinte auf der Schulter ein Stück Kuchen holt. Obwohl ein friedliches Ende greifbar nah ist und von Candie anscheinend angestrebt wird, legt der Handlanger die Waffe nicht aus der Hand. Es sind die vielen Gegensätze der Szene, die einen hohen Grad an Spannung generieren. So wirkt die Handlung, mit der einen Hand einen Stück Kuchen zu holen, während die Schrotflinte einsatzbereit in der der anderen Hand bleibt, beinahe schon absurd. Die Tatsache, dass Calvin Candie so ruhig beim Aufsetzen des Vertrags ist, ob beim Schreiben oder bei dem sorgfältigen Erhitzen des Wachsstiftes, ist völlig konträr zu Dr. King Schultz' Verhalten. Dieser sitzt sehr unruhig und sichtlich nervös in seinem Stuhl und fährt sich durch Haar und Bart. Er versucht, seine Nervosität abzuschütteln, kämpft dagegen an, doch er scheint von den Erinnerungen an den Tag und der Grausamkeit der Aktion sehr mitgenommen. Immer wieder blitzen die Bilder der Hunde, die einen wehrlosen Sklaven in Stücke reißen, in seinen Gedanken auf. Dieser Kontrast wird mithilfe einer Überblende von Candie zu Schultz sichtbar gemacht, in der das ruhige, konzentrierte Gesicht Candies dem unruhigem von Schultz weicht. Um die Nervosität Schultz' dem Zuschauer verständlich zu machen, entschied sich Tarantino, die Gedankenwelt Schultz' – anders als die Candies' – dem Zuschauer zu zeigen. Im Gegensatz zu der sehr ruhigen Szene, in der nur wenige Bewegungen geschehen, wie das Holen des Kuchens des bewaffneten Handlangers Candies oder das Aufsetzen des Vertrags, steht das Zerfleischen des Sklaven. Diese Bilder sind bestimmt durch ein sehr schnelles ‚Aufblitzen' innerhalb der eigentlichen Szene. Die Wackelkamera, die nur sehr kurzen Einblendungen und die sehr klein gewählten Bildausschnitte erschweren es dem Zuschauer, den genauen Inhalt der Bilder zu erkennen und bewirken eine Dramatisierung. Durch die übertriebene Lautstärke sowie das Sounddesign, das die Geräusche unnatürlich voluminös klingen lässt, ist der Zuschauer augenblicklich auf diese Szene konzentriert. Ein weiterer Kontrast ist die Beleuchtung der Szene im Gegensatz zu der Handlung. Das Licht ist sehr warm gehalten, die Farbgebung orange-gelb, erzeugt durch die vielen Kerzen im Raum. Zu Beginn der Szene sieht man Broomhildas Augen in einer Detailaufnahme, jedoch eher ängstlich und erst die anschließende Kamerabewegung auf ihren Mund, der nach kurzer Zeit ein unterdrücktes Lächeln preisgibt, offenbart die Freude über ihre baldige Freiheit. Mit der darauffolgenden Kamerabewegung sieht der Zuschauer Django hinter ihr stehen – ihr Mann, der kurz davor steht, sie zu befreien. Broomhilda glaubt sich siegessicher und kann ein Lächeln nicht mehr unterdrücken.

Auch die Musik stellt einen starken Gegensatz zu der bedrohlichen Situation und dem Filmbild dar. So hat *Für Elise* einen sehr friedlichen und ruhigen Charakter. Dieser Charakter wird in der Filmszene auch dadurch unterstützt, dass das Stück von einer Harfe gespielt wird, wodurch der Klang des Stücks noch weicher und sanfter wird. Eine Besonderheit der Filmversion ist, dass der „B"-Teil des Stücks nicht verwendet wurde. Durch die große Bekanntheit des Stücks liegt die Vermutung nahe, dass sich die Zuschauer vorrangig auf das Filmbild konzentrieren werden, wodurch eine veränderte Wahrnehmung des Stücks möglich wäre. Das Stück weist mit seinen Dreiklangsbrechungen einen sehr fließenden Charakter auf und unterstützt mit seinem durchgängigen *pianissimo* das ruhige Erscheinungsbild des Stückes. Die schnell in das Bild geschnittenen Szenen, in denen die Hunde den Sklaven foltern, wirken dadurch umso lauter.

Ein Stück von Beethoven für den Film zu nutzen ist ein interessanter Gedanke Tarantinos. So kam Beethoven bereits früh mit den Ideen der französischen Revolution in Berührung.[83] Seine Musik in einem Film zu verwenden, der von Sklaverei handelt, ist eine originelle Idee, gerade, wenn man bedenkt, dass das Stück innerhalb des Films von einer Angestellten Calvin Candies gespielt wird und dieser der Aufklärung ziemlich abgeneigt sein dürfte. Dr. King Schultz, der als Deutscher mit Stolz auf Beethoven blickt, wird in dem Moment, in dem er *Für Elise* hört, an dessen humanistische Ideale erinnert. Die Tatsache aber, dass er sich, während das Stück gespielt wird, in dem Haus eines Sklavenhändlers befindet sowie die Erinnerungen an die Gräueltaten der Hunde lassen die Situation für ihn umso unerträglicher erscheinen. Er selbst spricht kurz nach der Szene Calvin Candie darauf an, dass es interessant sei, *Die Drei Musketiere* in seiner Büchersammlung zu finden, da Alexandre Dumas schwarz gewesen sei.

Interessant an dieser Filmszene ist die Frage, ob die spannungsvolle visuelle Ebene eine veränderte Wahrnehmung des populären Stücks zur Folge hat, ob sie im Speziellen als „geheimnisvoller" oder „bedrohlicher" wahrgenommen wird. Eine weitere Frage ist, ob der auffällige visuelle ‚Hinweis' der Harfe im Bild auch eine verbesserte auditive Erkennung der Harfe zulässt. Dafür sollen noch andere Instrumente im Fragebogen als Antwortmöglichkeit gegeben sein, besonders die

---

[83] Vgl. Brandenburg, Sieghard: *Beethovens politische Erfahrungen in Bonn*. In: Lühning, Helga/Brandenburg, Sieghard: *Beethoven. Zwischen Revolution und Restauration*. Bonn 1989, S. 3-49.

Gitarre, da der Klang der Gitarre dem der Harfe zum Teil sehr ähneln kann und das Klavier, da das Stück den meisten Menschen wohl auf Klavier bekannt sein müsste.

4.2.2 Filmszene aus *Equilibrium* zu der Musik von Ludwig van Beethoven – *neunte Sinfonie, erster Satz*

In Equilibrium geht es um eine dystopische Welt, in der Gefühle nicht erlaubt sind. Nach dem dritten Weltkrieg kommt man zu dem Entschluss, dass Emotionen zu Gewalttätigkeiten führen und daher verboten werden. Um die angestrebte emotionale Gleichgültigkeit zu erreichen, verabreichen sich die Bürger die Droge *Prozium*, mit deren Hilfe Gefühle unterdrückt werden. Darüber hinaus ist jeglicher Kontakt zu Literatur, Musik oder sonstiger Kunst untersagt, da Künste Emotionen hervorrufen. John Preston ist einer der ranghöchsten *Grammaton-Kleriker* – eine Spezialeinheit, die sogenannte *Sinnestäter* findet und eliminiert sowie deren Besitz zerstört. Sinnestäter sind Menschen, die das Bedürfnis, fühlen zu wollen, nicht mehr bekämpfen und dadurch vom Regime verfolgt werden.

Bei einem dieser Einsätze findet Preston einen Raum voller Gefühle auslösender Gegenstände. Da ihm jedoch kurz zuvor seine Ration an *Prozium* ausgegangen ist und er sich aufgrund von aufkeimenden Gefühlen dagegen entschieden, sich eine neue Ration zu holen, zeigt er Interesse an den Gegenständen und schaut sie sich an, anstatt sie zu zerstören. Die gewählte Filmszene setzt an dieser Stelle ein. Preston, der sich über den emotionalen Wert der Gegenstände, wie zum Beispiel einer Schneekugel, nicht im Klaren ist, geht im Raum umher und schaltet das Grammophon ein. Während er den Raum betrachtet, beginnt der erste Satz von Beethovens neunter Sinfonie. Da er das erste Mal in seinem Leben Musik hört, bricht er in Tränen aus, überwältigt von seinen Gefühlen.

Bei der Filmbildanalyse fällt das aufwendig dekorierte Zimmer auf, das im starken Kontrast zu der sonst so tristen und farblosen Welt von Equilibrium steht. Die Szene beginnt mit einem Zoom in das Auge Prestons, lässt den Zuschauer dann im Ungewissen, um dann beim Zoom aus der Schwärze hinaus die Schwärze als Inneres des Grammophon zu offenbaren. Es wird hiermit Prestons Überraschung gegenüber der erstmals in seinem Leben gehörten Musik als auch seine Hingezogenheit zu der Musik deutlich gemacht. Er sieht ungläubig zu dem Grammophon hin. Zur Unterstützung seiner instabilen Gefühlswelt wabert die Beleuchtung des Raums. Alle Lichter und Lampen der weihnachtlich wirkenden Dekoration leuchten mit unterschiedlicher Leuchtkraft, was wohl nicht an dem Grammophon liegen dürfte, da es kaum so viel Strom verbrauchen kann, um diesen Effekt hervorzurufen. Diese Varianz der Beleuchtung soll den taumelnden Gemütszustand des Protagonisten beim erstmaligen Musikhören in seinem Leben unterstreichen. Der sehr langsame Zoom zu Beginn der Szene in das Auge und anschließend aus dem Grammophon heraus steht im Einklang mit der Musik. Genauso wie der Zoom sich seine Zeit nimmt und den Zuschauer damit lange über den Fortgang der Handlung im Unklaren lässt, tut es die Musik. Das Filmbild erzeugt durch die Ungewissheit, was als nächstes kommt, Spannung. Die Musik verdeutlicht dies durch die 16 Takte Dominante, die sich ab Takt elf in einem allmählichen crescendo letztlich am Ende des Taktes 16 zur Tonika auflösen. Parallel zur ansteigenden Spannung der Musik steigt auch in Preston die Spannung, die er bis zur Unerträglichkeit nicht mehr aushalten kann und in Folge dessen die Schneekugel in seiner Hand fallen lässt – diese zerspringt synchron mit dem Paukenschlag in Takt 16. Im Anschluss zeigt Preston so tiefe Emotionen, dass er in Angesicht ihrer in Tränen ausbricht. Der in der Filmszene gehörte Teil des Stücks weist große Dynamikunterschiede auf: das Stück beginnt beinahe lautlos und von wenigen Instrumenten (Hörner, zweite Geigen, Celli) gespielt, um wenige Takte später vom vollen Orchester und mit fortissimo zu Gehör gebracht zu werden. Die schnellen Tremoli der Celli und der zweiten Violinen steigern die Spannung noch bis zum Fall der Schneekugel und dem synchronen Paukenschlag. Als Spielanweisung findet man bei den ersten Geigen im zweiten Takt den Hinweis *sotto voce*, der den Geigen eine halb laute, gedämpfte Spielweise vorgibt. In Takt 21 bis 23 schaffen die Achtelpausen eine erhöhte Intensität, durch die Sforzato-Betonungen der Noten dazwischen wirken diese noch impulsiver. Die mit den Achtelpausen verbundene Generalpause akzentuiert die gespielten Noten noch stärker, wodurch eine so starke Dramatisierung erzeugt wird, dass Preston von seinen Gefühlen schlicht übermannt wird.

Als Formulierung einer Frage für den Fragebogen kann überlegt werden, ob die Zuschauer das deutliche Zerplatzen der Schneekugel, das durch den Paukenschlag noch deutlicher wird, bewusst wahrnehmen. Ob die besprochene Spannungsparallelität von Bild und Ton in dem Szenenanfang wahrgenommen wird, eignet sich auch als Frage. Dabei sollen jedoch noch andere Bewegungen wie das Drehen der Schallplatte oder das Feuer am Ende der Szene als Antwortmöglichkeiten in Betracht gezogen werden, um ein wahlloses „Antworten" zu verhindern. Dabei ist zu erwähnen, dass das Drehen der Schallplatte oder das Feuer in keinem besonderen Zusammenhang mit der Musik stehen.

4.2.3 Filmszene aus *Die Verurteilten* zu der Musik von Wolfgang Amadeus Mozart - *Duettino - Sull'aria* aus *Die Hochzeit des Figaro*

Die Verurteilten handelt von dem Banker Andy Dufresne, der wegen Mordes an seiner Frau ins Gefängnis kommt. Dort angekommen fällt es dem gebildeten Mann schwer, in der harten Gefängniswelt zurechtzukommen. Doch mit der Zeit gelingt es ihm, aufgrund seines Bildungsstandes und seines Wissens über Finanzen Freunde unter den Mitgefangenen und den Wärtern zu finden. Dadurch erhält er verschiedene Privilegien, wie zum Beispiel das Arbeiten in dem Büro des Gefängnisdirektors Samuel Norton. Im Laufe der Zeit gewöhnen sich auch die Wachen an Andys Sonderrechte, behandeln ihn teilweise menschlich und bringen ihm ein gewisses Vertrauen entgegen. In der gewählten Filmszene ist es dieses Vertrauen, das sich Andy zunutze macht, um den Gefängnisinsassen ein besonderes Geschenk zu machen. Er legt eine Schallplatte auf: ein Duettino aus *Die Hochzeit des Figaro* von Wolfgang Amadeus Mozart. Im Anschluss daran nutzt er die Sprechanlage in dem Büro des Direktors, um aus dem Lautsprecher auf dem Hof Mozart ertönen zu lassen. Die Insassen sind – ähnlich wie in Equilibrium – von der lange nicht gehörten Musik irritiert und überwältigt, wie der beste Freund Andys „Red" es später im Film beschreibt.

Die Szene beginnt mit einer Großaufnahme von Andys Hand und geht nach einem Schnitt auf die Nebenhandlung der Szene in eine anschließende Nahaufnahme von Andy über. Dieser scheint bereits tief in die Musik versunken, wird aber durch das Rufen des Wärters wieder in die Realität zurückgeholt. Als Reaktion verschließt er die Tür, um bei seinem Plan nicht gestört zu werden. Um die von ihm aufgelegte Schallplatte über den Lautsprecher auf dem Hof ertönen zu lassen, fällt sein Blick auf die Sprechanlage und das Mikrophon. Beim Klang des Duettinos werden die Gefangenen auf dem Hof in einer Totalen gezeigt, anschließend die Arbeiter in der Werkstatt und auf der Krankenstation. Ein Kameraschwenk offenbart in einer Supertotale den gesamten Gefängnishof samt Insassen. Der Schwenk gipfelt darin, dass er am höchsten Punkt stoppt und in einer Aufsicht die Quelle der Verwunderung der Gefangenen zeigt: der Lautsprecher, aus dem das Duettino ertönt. Die Beleuchtung aller Szenen ist natürlich gehalten. Die Bewegungen der Akteure sind bedächtig und langsam, gewissermaßen ungläubig und fragend. Sie verstehen nicht, was gerade geschieht und warum über den Lautsprecher, der sonst für Durchsagen des Direktors genutzt wird, plötzlich diese Musik erklingt. Da die Lautsprecher sonst eher für negative Nachrichten verwendet werden, ist die Funktion, die dem Lautsprecher in dieser Szene zukommt umso schwieriger für die Insassen zu verstehen. Der Text der Arie lautet bis zum Ende der Szene in der deutschen Übersetzung wie folgt: „Wenn des Abends Zefiretten über uns're Fluren wehn, in des Lorbeerhains Bosketten…" Man kann davon ausgehen, dass der Text keinen Bezug zu dem Filmbild hat. Lediglich das später im Text auftauchende „ja gewiss, er wird's verstehen" kann so gedeutet werden, dass die Tat Andys, für die der Direktor ihn später hart bestrafen wird, für den Direktor irgendwann Sinn ergeben wird. Bis zu dieser Textpassage wird das Stück aber nicht gespielt, auch nicht im ganzen Film, weshalb dieser interpretatorische Zusammenhang also nicht gegeben ist. Bei der Filmversion des Stücks muss noch angemerkt werden, dass der Ton des Stückes sich je nach Ort oft ändert. So hört man ein Übersteuern des Lautsprechers, als Andy beginnt, das Duettino über die Sprechanlage abzuspielen. Der Zimmerklang ändert sich zu einem weiter entfernten, halligen Hofklang. Je nach Raum, ob Büro des Direktors, Krankenstation oder Gefängnishof, ist der Klang verschieden hallig oder gedämpft.

Das Duettino ist in dem Filmausschnitt ruhig und bedächtig, das Tempo allegretto. Die Akkordbrechungen in Aufwärtsbewegungen und das vermerkte *piano* erzeugen eine friedliche Atmosphäre. Der gleichmäßige Rhythmus der Achtel der Violinen und der 6/8-Takt schaffen eine Beschwingtheit des Stückes, der durch das ‚Ineinanderfließen' der Instrumente und Stimmen noch verstärkt wird. So setzen in Takt drei die Oboen und Fagotte aus und direkt in Takt vier die Gräfin ein, die ihrer Kammerzofe Susanna singend einen Text diktiert. Unterstützt wird dies noch dadurch, dass die Kammerzofe am Ende des zweiten Taktes und während des dritten Taktes bereits den folgenden Gesang einläutet. Beim Aussetzen des Gesangs der Gräfin in Takt sechs setzen in Takt sieben die Oboen und Fagotte wieder ein. Gleiches passiert wieder in Takt acht zu neun, zehn zu elf und 13 zu 14, um nur einige Beispiele zu nennen. Dabei muss man sagen, dass die Stimmen sich nicht kreuzen, also nicht wirklich ineinander fließen, jedoch sind die Pausen dazwischen so kurz, dass stets die Melodie zu hören ist. Weiterhin erzeugt das hohe Register, also die zwei Sopranistinnen, eine mütterliche Wärme und Geborgenheit. Gerade für die Insassen des reinen Männergefängnisses, die nur von männlichen Mitgefangenen und Wärtern umgeben sind, muss der Klang einer Frauenstimme etwas Besonderes sein. Bedenkt man dabei noch die bereits angesprochene Tatsache, dass aus dem Lautsprecher sonst nur die Befehle und Durchsagen des Direktors zu hören waren, wirken die warmen Frauenstimmen umso eindrucksvoller.

In der Szene aus *Die Verurteilten* wäre interessant herauszufinden, ob die doch sehr ähnlich klingenden Stimmen von der Gräfin und Susanna eher in der auditiven oder in der audiovisuellen Darbietung auseinandergehalten werden können.

So kann man aufgrund der erläuterten Theorien vermuten, dass die Filmbilder die Aufmerksamkeit des Zuschauers erhöhen und er dadurch auch mehr Informationen auf dem auditiven Kanal erhält. Es wäre jedoch auch möglich, dass die bloße auditive Darbietung dem Zuhörer ermöglicht, seine gesamte Konzentration auf die Musik zu richten – nach dieser Theorie wäre eher die auditive Gruppe in der Lage, die zwei verschiedenen Stimmen herauszuhören.

5 Ergebnisse der empirischen Untersuchung

5.1 Rücklauf und methodische Probleme

Insgesamt nahmen 83 Personen an der Umfrage teil – davon beantworteten 65 Personen den Filmfragebogen und 18 den Musikfragebogen. Trotz einer bewusst gewählten Verbreitung der zwei Fragebögen in verschiedenen Foren[84] konnte eine ungleiche Beantwortungszahl der Fragebögen nicht vermieden werden. So wurde der unter anderem über *facebook* verteilte Filmfragebogen weitaus häufiger ausgefüllt. Das kann daran liegen, dass über *facebook* eine erhöhte Unterstützung durch den Bekannten- und Freundeskreis erfolgte. Beide Fragebögen liefen vom 23.11. bis 30.11 und konnten in der Anfangsphase die meisten Zugriffe vermerken.

Durch einen unterschiedlichen Verbreitungsweg der Umfrage im Vergleich zu Susanne Keuchel traten einige Schwierigkeiten nicht auf, die bei Keuchel zu finden waren.[85] So hatte sie ‚Totalverweigerer', die einen komplett unausgefüllten Fragebogen abgaben. Dies ist zwar auch über Google Drive möglich, doch ist bereits eine Vorauswahl für diejenigen getroffen, die den Fragebogen überhaupt erst aufrufen. Auch die Durchführung der Befragung und das Demonstrieren der Film- und Musikbeispiele durch verschiedene Lehrer wurde von Keuchel kritisch hinterfragt. Bedingt durch das Ersetzen des Lehrers durch den Computer hat jeder Befragungsteilnehmer gleiche Konditionen bei der Beantwortung der Fragen: jeder sieht denselben Einleitungstext, dieselben Fragen usw. An dieser Stelle muss jedoch angemerkt werden, dass jede Versuchsperson die Filmbeispiele unter unterschiedlichen Bedingungen gesehen haben wird. Denn jeder Umfrageteilnehmer hat unterschiedliches Equipment bei sich, ob es Kopfhörer sind oder Lautsprecher, Monitor oder Smartphonebildschirm, gute oder schlechte Qualität – so einheitlich der Fragebogen ist, so unterschiedlich ist die technische Umgebung der Versuchsteilnehmer. Dennoch kann davon gesprochen werden, dass der Fragebogen wohl in vertrauter Umgebung ausgefüllt wurde und daher eine möglichst gewohnte Situation beim Anschauen der Filmszenen entstand.

Eine methodische Schwachstelle haben der Fragebogen der vorliegenden Arbeit und der von Keuchel gemein. Der Befragungsverlauf ist so konzipiert, dass immer

---

[84] Vgl. Kapitel 3.1
[85] Vgl. Keuchel, Susanne: *Das Auge hört mit....* Bonn 2000, S. 110-112

erst eine Filmszene gezeigt wird und dann dazugehörig die Fragen zu dem Beispiel, ehe die zweite Filmszene vorgeführt wird. Bei dem ersten Filmbeispiel hatten die Versuchspersonen zunächst noch keine Vorstellung, worauf sie achten müssen, da die Fragen erst über einen „weiter"-Button zu erreichen waren. Jedoch konnten sie aufgrund der Fragen zu dem ersten Filmbeispiel ihre Konzentration bei den nächsten beiden Beispielen gezielter in Richtung der Musik lenken. Das würde bedeuten, dass ein Vergleich zu der alltäglichen Musik- und Filmrezeption der Probanden nicht möglich sei. Doch stellt Keuchel diesem Einwand einige Argumente entgegen:[86] Da diese methodische Schwachstelle bei dem Filmfragebogen ebenso auftritt wie bei dem Musikfragebogen, kann man von einer Relativierung des Problems sprechen. Außerdem gibt es einige Fragen, die nur für eines der Filmbeispiele verwendet wurde, so dass eine Wiederholung der Frage gar nicht erst auftritt.

Eine mögliche weitere methodische Schwachstelle liegt auf technischer Seite. So konnte man bei *Google Drive* die *Polaritätspaare* nicht beide darstellen, sondern immer nur einen Teil davon. Statt der Gegensätze „ausdrucksvoll" und „ausdruckslos" wurde demnach nur eines der beiden Adjektive ausgewählt. Die ausgewählten Adjektive wurden dann im Fragebogen mit einer Skala von eins bis sechs bewertet, wodurch eine ähnliche Bewertung im Vergleich zu den Polaritätspaaren möglich war. Zwar sei die mögliche Schwachstelle an dieser Stelle erwähnt, doch ist eine tiefgreifende Beeinflussung der Untersuchungsergebnisse nicht zu erwarten, da lediglich ein formeller Unterschied vorliegt.

5.2 Soziodemographische Daten

Etwa ein Viertel aller Probanden beantworteten den Musikfragebogen und drei Viertel den Filmfragebogen. Während bei dem Filmfragebogen mit 65 Personen eine vergleichsweise große Anzahl an Menschen an der Befragung teilnahm, blieb die Anzahl der Probanden des Musikfragebogens mit 18 Personen hinter den Erwartungen zurück. Dabei muss angemerkt werden, dass durch die geringe Anzahl an Probanden, die bei dem Musikfragebogen teilgenommen haben, immer mit Vorsicht bei der Auswertung der Ergebnisse gesprochen werden muss - eine Person bedeutet in diesem Fall bereits 6%.

Das Verhältnis der Geschlechter bei dem Filmfragebogen ist mit 55% Frauen und 45% Männern ziemlich ausgeglichen. Bei dem Musikfragebogen jedoch ist eine klare Tendenz in Richtung der Frauen zu erkennen: 78% Frauen und 22% Männer.

---

[86] Vgl. Keuchel, Susanne: *Das Auge hört mit....* Bonn 2000, S. 111.

Dieser große Unterschied ist auf die unterschiedliche Verbreitungsart der Fragebögen über verschiedene Foren zurückzuführen. Das Alter der Probanden reicht innerhalb des Filmfragebogens von 19 bis 50 und bei dem Musikfragebogen von 18 bis 50. Der Altersdurchschnitt liegt bei beiden Gruppen bei 25 Jahren. Die meisten der Versuchsteilnehmer im Filmfragebogen sind Studierende (66%), gefolgt von 22% Arbeitnehmern/Arbeitnehmerinnen. Die übrigen 12% verteilen sich auf Arbeitgeber/Arbeitgeberinnen, Beamte/Beamtinnen, Selbstständige und Arbeitssuchende. Bei den Probanden des Musikfragebogens zeigt sich ein ähnliches Bild. 88% sind Studenten, die restlichen 12% verteilen sich auf Arbeitnehmer/Arbeitnehmerinnen und Selbstständige.

Die Anzahl von Instrumenten spielenden Versuchspersonen ist überraschend ähnlich. So sind es bei der Filmgruppe 58% Instrumentalisten, und 42% Nicht-Instrumentalisten und in der Musikgruppe finden sich 56% Instrumentalisten und 44% Nicht-Instrumentalisten. Ein größerer Teil der Probanden spielt also ein Instrument, dennoch sind die Instrumentalisten und Nicht-Instrumentalisten ziemlich gleich verteilt. In der Filmgruppe spielen 76% der Instrumentalisten Repertoire aus dem klassischen Bereich, in der Musikgruppe sind es genau 50%. Man kann also sagen, dass die überwiegende Mehrheit der Instrumentalisten in der Filmgruppe auch im klassischen Bereich tätig ist. Diese Tatsache kann durchaus wieder auf die Verbreitung der Umfrage unter anderem im Bekannten- und Freundeskreis zurückzuführen sein. Zu den Teilnehmern des Musikfragebogens wiederum besteht kein persönlicher Bezug.

Über die Hörerfahrung der Versuchspersonen kann man von einer recht gleichmäßigen Verteilung sprechen. Die am häufigsten gegebene Antwort „mehrmals pro Woche" liegt bei 23% und steht der auch oft gegebenen Antwort (18%) „etwa einmal im Monat" gegenüber. Die Verteilung ist mit ihren zwei Höhepunkten und einem dazwischen liegenden Tief als bipolar anzusehen. Auch die anderen Antwortmöglichkeiten wurden vergleichsweise oft gewählt: „jeden Tag" (11%), „etwa einmal pro Woche" (15%), „mehrmals im Monat" (8%), „weniger als einmal im Monat" (17%) und „nie" (8%). „Mehrmals im Monat" und „nie" sind demnach einmal in der Mitte und am negativen Extrem des Antwortmöglichkeitenspektrums die am seltensten gegebenen Antworten. In der Musikgruppe sind ähnliche Angaben gemacht worden: „etwa einmal die Woche" mit 22% und „mehrmals im Monat" mit 22% markieren den Peak der Antworten und „nie" mit 6% ist die am seltensten gegebenen Antwort.

Bei der Frage nach dem Filmkonsum zeichnete sich ein ziemlich eindeutiges Bild ab. So ist bei der Filmgruppe ein eindeutiger Trend in Richtung ‚häufiger Filmkonsum' zu beobachten: „mehrmals pro Woche" und „einmal pro Woche" sind mit jeweils 38% am häufigsten vertreten. 5% der Befragten schauen jeden Tag Filme, 9% „mehrmals im Monat" und 9% „etwa einmal im Monat". Man kann eine ganz klare Tendenz in Richtung „häufiger Filmkonsum" unter den Probanden erkennen. In der Musikgruppe verhält es sich ähnlich. Die Mehrheit (56%) schaut „mehrmals pro Woche" Filme. 6% der Befragten schauen „jeden Tag" Filme, 17% „etwa einmal pro Woche", 11% „mehrmals im Monat", 6% „etwa einmal im Monat" und ebenfalls 6% „weniger als einmal im Monat". Die Antwort „nie" ist in keiner der beiden Gruppen gefallen.

5.3 Ergebnisse der Umfrage

Im folgenden Kapitel kann aufgrund des Umfangs der vorliegenden Arbeit nur auf einen Teil der Beobachtungen eingegangen werden. Daher erfolgt eine Konzentration auf diejenigen Ergebnisse, die im direkten Zusammenhang mit den Hypothesen stehen.

Zuvor soll jedoch auf die Antworten bezüglich der Kategorisierungen Paulis eingegangen werden. Die drei Filmszenen für den Fragebogen wurden ausgesucht, da jede Filmszene jeweils einer Kategorisierung Paulis entspricht: *Django Unchained* – Kontrapunktierung, *Equilibrium* – Paraphrasierung, *Die Verurteilten* – Polarisierung. Die Frage „Was trifft Ihrer Meinung nach am ehesten auf das Verhältnis von der eben gehörten Musik und den Filmbildern zu?" wurde bei allen drei Filmszenen gestellt und zielt auf ebendiese Kategorisierungen von Pauli ab, auch wenn diese in den Antwortmöglichkeiten nicht in den Begriffen aufgeführt wurden. Bei *Django Unchained* wurde mehrheitlich (65%) die Kontrapunktierung gewählt. Bei *Equilibrium* ist die Polarisierung mit 48% die am häufigsten gegebene Antwort, die Paraphrasierung hat lediglich 35% der Stimmen erhalten. Die meisten empfanden also ein neutrales Filmbild, obwohl der Protagonist deutlich erregt ist und mit seinen Tränen kämpft. 12 % der Versuchsteilnehmer wählten, wie bei *Django Unchained*, die Antwort „Keine der aufgeführten Kategorien trifft zu". In *Die Verurteilten* wählten 37% der Befragten die Kontrapunktierung, 31% die Polarisierung, 9% die Paraphrasierung und 22% hatten das Gefühl, dass „keine der aufgeführten Kategorien" zutreffe. Man sieht gerade bei diesem Beispiel, wie alle Antwortoptionen ähnlich oft von der Gruppe gewählt wurden. Noch mehr als bei *Equilibrium* weichen die gegebenen Antworten von der erwarteten ab. Lediglich 31% wählten die Polarisierung. Es ist zu erkennen, dass sich Filmszenen schwer in die Kategorisierungen einteilen lassen und Versuchspersonen die Filmszenen sehr unterschiedlich wahrnehmen. In diesem Zusammenhang steht auch die Frage „Finden Sie, dass Bild und Musik zusammenpassen?". Wird diese Frage bei *Equilibrium* (Ø = 4,9) und *Die Verurteilten* (Ø = 4,4) mehrheitlich mit hohen Werten beantwortet, sind die Antworten bei *Django Unchained* auf alle Antwortmöglichkeiten ziemlich gleichmäßig verteilt. Dass der Durchschnittswert bei 4,0 liegt, lässt sich auf den Peak bei „5" zurückführen, der den zahlreichen Antworten bei „2" und „3" entgegenwirkt. Da die Frage „Finden Sie, dass Bild und Musik zusammenpassen?" bei *Django Unchained* die erste Frage des Fragebogens überhaupt ist, kann das Ergebnis auf folgende Tatsache zurückzuführen sein: da dieses Beispiel kontrapunktisch eingesetzte Musik verwendete, könnten einige Zuschauer angenommen haben, dass die Musik nicht zum Filmbild passt, weil sie gar nicht passen soll. Dadurch, dass die Kontrapunktierung in Filmen bereits sehr häufig verwendet wurde, haben sich die Zuschauer womöglich bereits an sie gewöhnt und empfinden sie nicht mehr als unpassend. Dieser Fakt kann zu der relativ homogenen Verteilung der Antworten im Vergleich zu den beiden anderen Filmszenen geführt haben.

Es soll nun eine Überprüfung der drei Hypothesen erfolgen.

H_1 = Filmbilder beeinflussen die Wahrnehmung von der im Film verwendeten Musik

Um diese Hypothese zu überprüfen, wurden verschiedene Adjektive aus der Frage „Wie würden Sie die eben gehörte Musik in folgender Werteskala einschätzen?" ausgewählt, von denen eine hohe Differenz in der Wahrnehmung zwischen Musik- und Filmgruppe erwartet wurde. Es soll an dieser Stelle darauf hingewiesen werden, dass die meisten untersuchten Häufigkeitsverteilungen unimodal waren. Bei Ausnahmen wird speziell darauf hingewiesen. Nach der Berechnung der Signifikanzen wurde mit Hilfe der von Google Drive erstellten Diagramme ein Überblick über die gegebenen Antworten geschaffen. Mithilfe derer konnte anschließend der Wert des t-Tests ausgewertet werden.

Bei dem Film *Django Unchained* und dem dazugehörigen Stück *Für Elise* wurden die Adjektive „ausdrucksstark" und „bedrohlich" mit Hilfe eines t-Test auf ihre Signifikanz überprüft. „Ausdrucksstark" erhielt einen Wert von 0,4% und „bedrohlich" einen Wert von 8%. Demnach ist die unterschiedliche Wahrnehmung der bedrohlichen Wirkung der Musik zwischen Filmgruppe und Musikgruppe nur zufällig bedingt, da der Grenzwert von 5% überschritten wurde. Dass sich die

Antworten bei der Filmgruppe mehr in Richtung „bedrohlich" verlagern, ist also schlicht irrelevant. Wie ausdrucksstark die Musik mit oder ohne Bild jedoch wahrgenommen wurde, konnte mit dem t-Test als signifikant bewertet werden. Dass das Musikstück *Für Elise* in der Musikgruppe als deutlich ausdrucksstärker wahrgenommen wurde, überrascht für den ersten Moment, da davon ausgegangen wurde, dass das Stück im Filmbeispiel deutlich mehr Ausdrucksstärke erzeugt. Jedoch kann an dieser Stelle vermutet werden, dass die Ausdrucksstärke der Szene die der Musik eventuell überschattet und dass die zum Bild konträre Musik dadurch an Ausdruckskraft verliert.

Bei dem Film *Equilibrium* wurden die Adjektive „fröhlich" (7%), „emotional" (25%), „geheimnisvoll" (65%) und „mitreißend" (43%) mit dem t-Test überprüft. Die vier wurden als diejenigen Beispiele gewählt, von denen am ehesten ein signifikanter Unterschied zwischen filmischer und auditiver Darbietung zu erwarten war. Dennoch sind alle vier Beispiele nicht signifikant. Die teilweise überraschend ähnlichen Antworten zwischen den beiden Gruppen weisen darauf hin, dass die Filmbilder in diesem Beispiel keinen Einfluss auf die Musikwahrnehmung haben. Das kann darauf zurückzuführen sein, dass die Musik der gewählten Filmszene in der Diskussion als „paraphrasierend" bezeichnet wurde. Da die Musik das Filmbild also untermalt, kann davon ausgegangen werden, dass beide Ebenen (auditiv, audiovisuell) für sich bereits ähnliche Wirkungen auf den Zuschauer haben und diese Wirkungen durch die jeweils andere Ebene kaum verändert werden. Bei dem Film *Die Verurteilten* wurden die Adjektive „angenehm" und „emotional" überprüft. „Angenehm" erzielte einen Wert von 9%, wohingegen bei „emotional" ein Wert von 3,4% Prozent errechnet wurde. Es kann demnach bei der Emotionalität des Stückes von einem signifikanten Unterschied zwischen beiden Gruppen ausgegangen werden. Die Musik wird – mit Blick auf die Diagramme – mit dem Filmbild als emotionaler wahrgenommen. Man kann also sagen, dass die erstaunten Gefangenen in *Die Verurteilten*, die ungläubig zu der Musik empor sehen die Wahrnehmung der Musik verändern. Die Frage „Gibt es ihrer Meinung nach Parallelen zwischen der Musik und..." zeigt überraschende Ergebnisse. So nahmen 86% aller Versuchsteilnehmer das Zerspringen der Glaskugel im Zusammenhang mit der Musik wahr. Selbst der unscheinbare Kamerazoom, der im Zusammenhang mit der spannungssteigernden Musik zu Beginn der Szene steht, wurde von 51%[87] bemerkt. An dieser Stelle sei angemerkt, dass dieser hohe Prozentsatz auch auf die Nutzung von vorgegebenen Antwortmöglichkeiten

---

[87] Mehrfachnennungen waren möglich.

zurückgeführt werden kann. Denn auch die nicht unmittelbar mit der Musik zusammenhängenden Antwortmöglichkeiten „dem Drehen der Schallplatte" und „dem Feuer am Ende der Szene" wurden von 34% und 35% der Befragten als Antwort gewählt. Dennoch kann man davon sprechen, dass der „Kamerazoom zu Beginn der Szene" häufiger gewählt wurde als jene beiden Antwortmöglichkeiten.

Man kann sagen, dass das Filmbild in der Lage ist, die Musikwahrnehmung zu beeinflussen. Man muss jedoch hinzufügen, dass dies nicht der Fall ist, wenn die auditive sowie die audiovisuelle Ebene losgelöst voneinander bereits sehr ähnliche Wirkungen auf den Zuschauer haben. Bezieht man es auf Paulis Kategorisierungen, kann man davon sprechen, dass Musik, die paraphrasierend im Film eingesetzt wird, keine nennenswerte Veränderung der Musikwahrnehmung herbeiführt. Wird die Musik jedoch kontrapunktierend oder polarisierend eingesetzt, kann eine veränderte Musikwahrnehmung beobachtet werden. Dabei ist jedoch unklar zu sagen, in welche Richtung sich diese veränderte Musikwahrnehmung verschiebt. Bei der polarisierend genutzten Musik in dem Filmbeispiel *Die Verurteilten* erfolgt eine erhöhte emotionale Wirkung der Musik auf die Zuschauer. Die Filmbilder unterstützen also die Musik in ihrer Wirkungskraft. Die bei *Django Unchained* beobachtete ausdrucksschwächere Musikwirkung auf den Zuschauer im Vergleich zu den Musikhörern kann auf die kontrapunktierend eingesetzte Musik und die Dominanz des Filmbildes zurückgeführt werden. Aufgrund der hohen Intensität des Bildes wird die gegensätzliche und sehr ruhige Musik als weniger ausdrucksstark wahrgenommen als losgelöst vom Bild. Die Filmbilder hindern also die Musik an der Entfaltung ihrer Wirkungskraft. Ob dies auch der Fall wäre, wenn die Musik zwar kontrapunktisch verwendet würde, aber – diesmal umgekehrt – die Musik die Wirkung des Filmbildes überschatten würde, muss in weiteren Untersuchungen erforscht werden. Zusammenfassend ist zu sagen, dass die erste Hypothese als bestätigt angesehen werden kann.

H_2 = Rezipienten sind in der Lage, musikalische Strukturen in einer audiovisuellen Darbietung besser zu erkennen als in einer Auditiven

Zur Überprüfung dieser Hypothese wurde in dem Musik- und Filmfragebogen nach dem Spannungsverlauf der Musikstücke in den beiden Filmszenen aus *Django Unchained* und *Equilibrium* gefragt. Der Spannungsverlauf des Stückes *Für Elise* wurde in der Filmgruppe von der Mehrheit (66%) als „gleichbleibend" wahrgenommen, wohingegen die Musikgruppe das Stück vorwiegend (61%) als „ansteigend" empfand. Dieser Unterschied könnte auf die Filmebene zurückzuführen sein, jedoch lässt der berechnete Signifikanzwert von 56% vermuten, dass dieser Zusammenhang nur zufälliger Natur ist. Der Spannungsverlauf von Beethovens neunter Sinfonie, erster Satz wird sowohl in der Film- als auch der Musikgruppe beinahe ausnahmslos als „ansteigend" wahrgenommen. In der Filmgruppe empfinden 92% die Musik als ansteigend und in der Musikgruppe sind es 100%. Dies bestätigt die bereits angestellte Vermutung, dass bei hoher Ähnlichkeit der audiovisuellen und auditiven Ebene die filmische Ebene kaum oder gar keinen Einfluss mehr auf die Musikwirkung hat. Auch die Frage nach den Instrumenten, die die Versuchsteilnehmer in der Harfenversion des Stückes *Für Elise* gehört haben, zielt auf die Analysefähigkeiten der Probanden ab. In der Filmversion hörten 89% der Versuchsteilnehmer die Harfe heraus. Man kann sagen, dass die überwiegende Mehrheit die Harfe gehört haben, es aber trotzdem 11% gab, die die Harfe nicht gehört haben, obwohl sie im Bild zu sehen war. In der Musikgruppe waren es 78% der Versuchsteilnehmer, die die Harfe hörten. Man kann daher nur von einem kleinen Unterschied sprechen. Die Antwortmöglichkeiten „Cello" und „Violine" wurden in beiden Gruppen nur selten gewählt, wobei die Violine in der Musikgruppe 17% erreicht. Interessant ist die Tatsache, dass 20%[88] der Befragten in der Filmgruppe und 33% in der Musikgruppe ein Klavier hörten. Dies ist wieder auf den Gedanken zurückzuführen, der das „Klavier" zu einem Teil der Antwortmöglichkeiten werden ließ: die meisten Menschen verbinden *Für Elise* aufgrund ihrer Erinnerung mit dem Klavier. Ein ähnlicher Zusammenhang, jedoch eher klanglicher Natur, wurde auch bei der Gitarre vermutet – der Gitarrenklang ähnelt in einer bestimmten Spielweise sehr dem Harfenklang. In der Filmgruppe waren es 5%, die die Gitarre wählten, in der Musikgruppe hingegen 33%. Aufgrund der fehlenden Skalierbarkeit der Antwortmöglichkeiten wurde auf einen t-Test verzichtet. Man kann sagen, dass die gegebenen Antworten sich zwar unterscheiden, jedoch nur in feinen Nuancen. So haben beide Gruppen die Harfe mehrheitlich herausgehört und die übrigen Instrumente machten nur einen geringen Teil der Antworten aus. Dennoch ist der größte Unterschied zwischen den beiden Gruppen bei der Gitarre erkennbar, was an der Klangähnlichkeit zwischen Harfe und Gitarre liegen kann. Wegen der fehlenden visuellen Information der Harfe in dem Musikfragebogen wurde die Gitarre in der Musikgruppe häufiger gewählt als in der Filmgruppe.

Ein weiterer Punkt ist die Frage, wie viele Sängerinnen in dem Duettino *Sull'aria* aus *Die Hochzeit des Figaro* gehört wurden. Dass das Duettino von zwei Sänge-

---

[88] Mehrfachnennungen waren möglich.

rinnen gesungen wurde, haben die wenigsten Probanden erkannt. In der Musikgruppe waren 94% davon überzeugt, dass nur eine Person zu hören war und 6% wählten „weiß nicht". In der Filmgruppe waren es 89%, die eine Sängerin gehört haben, 9% wählten „zwei" Sängerinnen und 2% „weiß nicht". Man kann sagen, dass nur ein sehr geringer Unterschied in den gegebenen Antworten der Gruppen besteht. Beide Gruppen wählten beinahe einheitlich, dass sie „eine" Sängerin gehört hätten. Aufgrund der Interferenztheorie hätte man annehmen können, dass das Filmbildmaterial eine erhöhte Aufmerksamkeit auf die Musik bewirkt hätte. Doch die klangliche Ähnlichkeit der beiden Stimmen in diesem Beispiel ist ein so feiner Unterschied, dass selbst erhöhte Konzentration zu keinem anderen Ergebnis führt. Auch muss man anmerken, dass kein optischer Hinweis über die Anzahl der Sängerinnen in der Filmszene vorhanden war.

Zusammenfassend konnte die zweite Hypothese nicht bestätigt werden. Der Spannungsverlauf der Musik in *Django Unchained* wurde zwar von den Gruppen unterschiedlich wahrgenommen, der t-Test offenbarte jedoch keinen signifikanten Unterschied. Bei *Equilibrium* zeigte sich erneut das Bild, dass bei sehr ähnlicher Filmbild- und Musikwirkung das Filmbild kaum einen Einfluss auf die Wirkung der Musik hat. Beide Gruppen empfanden die Musik deutlich mehrheitlich als „ansteigend". Die Frage nach der Anzahl der Sängerinnen konnte aufgrund der Ähnlichkeiten der Stimmen keine Ergebnisse liefern. Betrachtet man die Frage nach den Instrumenten in *Django Unchained* könnte man rückblickend auf *Equilibrium* zu folgendem Schluss kommen: musikalische Strukturen in einer audiovisuellen Darbietung sind nur dann besser zu erkennen, wenn die Bildebene nicht nur die Konzentration der Zuschauer durch beispielsweise spannende Momente erhöht, sondern auch ein direkter Bezug von Musik und Bild besteht. So zum Beispiel in dem Filmausschnitt von *Django Unchained*, in dem die zu hörende Harfe auch sichtbar im Bild war.

H_3 = Ansprechendes Filmbildmaterial kann das musikalische Präferenzverhalten positiv beeinflussen

Um die dritte Hypothese zu überprüfen, wurde an erster Stelle die Gesamtheit der Versuchsteilnehmer in der Filmgruppe in zwei Gruppen geteilt: in diejenigen, die der klassischen Musik eher zugeneigt und diejenigen, die der klassischen Musik eher abgeneigt sind. Dafür wurden bei der Frage „Wie oft hören Sie klassische Musik?" diejenigen Probanden ausgewählt, die klassische Musik „mehrmals im

Monat", "etwa einmal im Monat", "weniger als einmal im Monat" und "nie" hören.[89] Diese 32 Probanden, die ziemlich genau die Hälfte der Filmgruppe darstellen, kamen in die Gruppe der Personen, die klassischer Musik eher abgeneigt sind. Einfachheitshalber werden diese Personen im Folgenden "Nicht-Klassikliebhaber" genannt. Alle Probanden, die klassische Musik "etwa einmal pro Woche", "mehrmals pro Woche" und "jeden Tag" hören, wurden der Gruppe der "Klassikliebhaber" zugeteilt. Von einer weiteren Unterteilung der Nicht-Klassikliebhaber in diejenigen, die die Filmszene mochten und diejenigen, die das nicht taten, wurde jedoch abgesehen. Aufgrund der sehr gleichmäßigen Verteilung der Zu- und Abneigung der Filmszene gegenüber wären am Ende schlicht zu wenig Probanden übrig geblieben, um ein sinnvolles Weiterarbeiten mit dem Datenmaterial zu ermöglichen. An dieser Stelle sei angemerkt, dass mit einer größeren Gesamtmenge an Befragungsteilnehmern diese Vorgehensweise der Untergliederung durchaus empfehlenswert ist.

Nach dem Unterteilen der Befragten in Klassikliebhaber und Nicht-Klassikliebhaber wurde bei allen drei Filmbeispielen untersucht, ob die Nicht-Klassikliebhaber den einzelnen Musikstücken eher zugeneigt oder eher abgeneigt waren. Bei der Frage "Wie hat Ihnen die Musik gefallen?" konnte zwischen "1" ("überhaupt nicht") und "6" ("sehr gut") gewählt werden. Jeweils elf Personen der Nicht-Klassikliebhaber wählten bei *Django Unchained* die "4" und die "5", sechs Personen wählten die "3", eine Person die "2", vier Personen die "6" und niemand wählte die "1". Der Durchschnittswert liegt bei 4,5, was eine deutliche Zuneigung der Nicht-Klassikliebhaber gegenüber dem Musikstück *Für Elise* im Zusammenhang mit *Django Unchained* bedeutet. Aufgrund des hohen Bekanntheitsgrades und der damit vermeintlich zusammenhängenden Beliebtheit des Stückes[90] wurden auch die anderen Filmszenen auf Beliebtheit der darin verwendeten Musikstücke untersucht. Der erste Satz der *neunten Sinfonie* Beethovens wurde mehrheitlich mit "5" bewertet, die Werte liegen erneut größtenteils im positiven Bereich. Diese Tatsache ist in den Diagrammen ersichtlich und der Durchschnittswert mit dem Wert von 4,4 bestätigt dies. Das in der Filmszene von *Die Verurteilten* vorkommende Duettino *Sull' aria* aus *Die Hochzeit des Figaro* hat sein Maximum eben-

---

[89] Es wird vorausgesetzt, dass Personen, die oft klassische Musik hören, klassische Musik mögen und umgekehrt.

[90] Alle 83 Versuchsteilnehmer gaben an, das Stück zuvor schon einmal gehört zu haben.

falls bei dem Wert „5" und einen Durchschnittswert von 4. Man kann also zusammenfassen, dass alle Musikstücke aus den drei Filmszenen von den Nicht-Klassikliebhabern deutlich positiv aufgenommen wurden.

Dieselbe Vorgehensweise wie bei den Nicht-Klassikliebhabern wurde angewandt, um die Haltung der Klassikliebhaber gegenüber der in den Filmszenen verwendeten Musik zu herauszufinden. Die 32 Klassikliebhaber empfanden *Für Elise* in der Filmszene zu *Django Unchained* als positiv. Mit 16 Antworten ist die meist gegebene Antwort die „5", also die zweitbeste Bewertung der Musik. Der Durchschnitt der gegebenen Antworten liegt bei 4,5 und ist damit mit dem Durchschnittswert der Nicht-Klassikliebhaber identisch. Das Stück *Für Elise* wurde von den Klassik-Liebhabern und Nicht-Klassikliebhabern gleichermaßen positiv wahrgenommen. Der erste Satz der *neunten Sinfonie* Beethovens wurde sehr positiv bewertet. So liegt der Peak mit 16 gegebenen Antworten klar auf der „6". Der Durchschnittswert ist mit 5,3 sehr hoch und verschieden zu den Nicht-Klassikliebhabern. Zwar haben diese den Ausschnitt aus dem Stück Beethovens auch positiv bewertet (ø=4,4), jedoch ist ein deutlicher Unterschied erkennbar. Das in der Filmszene von *Die Verurteilten* vorkommende Duettino *Sull' aria* aus *Die Hochzeit des Figaro* wurde mehrheitlich mit „5" bewertet, der Durchschnittswert liegt bei 4,8. Auch hier kann man von einem deutlichen Unterschied zwischen den Klassik-Liebhabern und den Nicht-Klassikliebhabern sprechen (ø=4). Dass die Nicht-Klassikliebhaber die Musik durchaus positiv wahrgenommen haben, lässt darauf schließen, dass das musikalische Präferenzverhalten durch ansprechendes Filmbildmaterial verändert werden kann. Betrachtet man die Klassikliebhaber und die Nicht-Klassikliebhaber im direkten Vergleich, fällt auf, dass die Klassikliebhaber die verwendete klassische Musik positiver bewertet hat als die Nicht-Klassikliebhaber. Nur bei dem Stück *Für Elise* ist mit 4,5 ein identischer Durchschnittswert vorhanden, der suggeriert, dass das Stück unter Klassikliebhabern und Nicht-Klassikliebhabern ähnlich beliebt ist.

Im Hinblick auf die dritte Hypothese kann ansprechendes Filmbildmaterial also durchaus das musikalische Präferenzverhalten beeinflussen. Die dritte Hypothese kann damit als bestätigt angesehen werden.

6 Zusammenfassung

Grundsätzlich kann man festhalten, dass zwei der drei Hypothesen bestätigt wurden. Man kann davon ausgehen, dass Filmbilder sowohl die Wahrnehmung von der im Film verwendeten Musik als auch ansprechendes Filmbildmaterial das musikalische Präferenzverhalten beeinflussen kann. Die positive Assoziation des Filmbildes kann daher Menschen, die klassischer Musik kritisch gegenüber stehen durchaus klassische Musik näher bringen. Auch ist das Filmbild in der Lage, die Analyse musikalischer Strukturen zu erleichtern. Vorraussetzung hierfür ist jedoch die Einfachheit der übermittelten Information. So haben im Filmbeispiel *Django Unchained* die meisten Menschen die Harfe als spielendes Element erkannt. Die zweite Hypothese konnte nicht bestätigt werden, doch kann auch bei ihr im Zusammenhang mit der ersten Hypothese von einer Erkenntnis gesprochen werden. Wenn die auditive sowie die audiovisuelle Ebene losgelöst voneinander bereits sehr ähnliche Wirkungen auf den Zuschauer haben und diese Wirkungen durch die jeweils andere Ebene kaum verändert werden, treten bestimmte Effekte nicht auf. So konnte in diesem Zusammenhang kein bedeutender Unterschied bei der Empfindung des Spannungsverlaufs im Filmszenenbeispiel *Equilibrium* zwischen Film- und Musikgruppe beobachtet werden. Ebenso kann man bei den für die erste Hypothese überprüften Adjektiven „fröhlich", „emotional", „geheimnisvoll" und „mitreißend" im Hinblick auf Wirkung auf den Zuschauer keinen großen Unterschied zwischen Film- und Musikgruppe erkennen. Man kann also davon ausgehen, dass bei sehr ähnlicher Filmbild- und Musikwirkung das Filmbild kaum einen Einfluss auf die Wirkung der Musik hat.

In Ausblick stellen kann man die Frage, ob der bei *Django Unchained* beobachtete Effekt, dass ein sehr ausdrucksstarkes Filmbild die Musik überschattet und die Musik dadurch weniger intensiv wirken lässt, auch umgekehrt auftritt – dass die Musik also die Wirkung des Filmbildes überschatten würde, wodurch die Musik umso intensiver wahrgenommen werden würde.

Darüber hinaus ist auch die Frage interessant, ob moderne Arrangements klassischer Stücke dabei helfen können, diese Stücke eher abgeneigten Zuschauern näher zu bringen. Die bereits erwähnte Komposition *A Postcard to Henry Purcell* von Dario Marianelli oder das Arrangement des Stückes *In der Halle des Bergkönigs* von Trent Reznor und Atticus Ross könnten für eine weitere Untersuchung genutzt werden. Diese Stücke nutzen dieselbe Melodie wie die Originalkompositionen, ändern jedoch wie im Falle von *A Postcard to Henry Purcell* die Harmonie oder wie bei *In der Halle des Bergkönigs* die Instrumentalisierung in eine elektronische Variante, wodurch eine Annäherung an moderne Hörgewohnheiten möglich sein könnte – die Harmonisierung in *A Postcard to Henry Purcell* erinnert stark an Filmmusik und könnte dem modernen Hörer dadurch leichter zugänglich sein. Diese Mischung aus womöglich bekannten Melodien in einem modernen Gewand könnte das Interesse an klassischer Musik bei Hörern wecken, die dieser Art von Musik eher kritisch gegenüber stehen. Dies sollte in weiterführenden Untersuchungen erforscht werden.

Unter der Bedingung einer ausreichend großen Menge an Befragungsteilnehmern ist auch eine genauere Unterteilung der Gruppe in Hinblick auf die dritte Hypothese sinnvoll. Wenn beide Prämissen, sowohl die Zuneigung der Filmszene wie auch die Abneigung klassischer Musik gegenüber erfüllt sind, ist eine genauere Auswertung der Ergebnisse möglich. Diese Ergebnisse könnten ein noch genaueres Bild davon geben, ob und wie sehr das positiv wahrgenommene Filmbild die negativ bewertete klassische Musik in ihrer Wirkung auf den Zuschauer positiv beeinflussen kann.

7 Literaturverzeichnis

Behne, Klaus-Ernst: *Hörertypologien. Zur Psychologie des jugendlichen Geschmacks.* 2., unveränd. Aufl. Regensburg 1990.

Behne, Klaus-Ernst/Endewardt, Ulf/Prox, Lothar: *Lieben sie Debussy? Eine Untersuchung zur Akzeptanz und Wirkung von Klassik-Videos.* In: Riemer, Franz (Hg.): *Musik fürs Auge. Ein Jahrzehnt Forschung zu (Klavier-) Musik auf dem Bildschirm.* Hannover 2010, S. 101-172.

Behne, Klaus-Ernst: *Musikalische Konzepte – Zur Schicht- und Altersspezifität musikalischer Präferenzen.* Mainz 1975. (zitiert nach Keuchel)

Behne, Klaus-Ernst: *Träumen und Tanzen - Zur Funktionalität von Musikpräferenzen...sowie vom unverhofften Segen der „Klassik" in der Werbung.* Beitrag im Rahmen der 12. Jahrestagung der Deutschen Gesellschaft für Musikpsychologie in Freiburg/Br. 1996. In: Musicae Scientiae. Vol 1. n° 2. Hg.: European Society for the Cognitive Sciences of Music. 1997. S. 205.

Behne, Klaus-Ernst: *Vorsicht: Klassik-Videos. Über die Wirkung optisch verpackter Musik.* In: Neue Musikzeitung. Heft 4. Regensburg 1995, S. 39-40.

Behne, Klaus-Ernst: *Zur besonderen Situation des filmischen Erlebens.* In: Behne, Klaus-Ernst (Hg.): *Film - Musik – Video* oder *Die Konkurrenz von Auge und Ohr.* Regensburg 1987, S. 7-12.

Brandenburg, Sieghard: *Beethovens politische Erfahrungen in Bonn.* In: Lühning, Helga/Brandenburg, Sieghard: *Beethoven. Zwischen Revolution und Restauration.* Bonn 1989.

Crickmore, Leon: *Eine Methode zur Messung der Musikeinschätzung.* In: Rösing, Helmut (Hg.): *Rezeptionsforschung in der Musikwissenschaft.* Darmstadt 1983, S. 257-294.

Dörr, Günther: *Fernsehen und Lernen – attraktiv und wirksam!?* München 1997.

Faulstich, Werner: *Einführung in die Filmanalyse.* 4., unveränd. Aufl. Tübingen 1994.

Gerrero, Richard: *Music as a film variable.* Dissertation. Michigan State University 1969. (zitiert nach Keuchel)

Graber, Doris A.: *Seeing is remembering: how visuals contribute to learning from television news.* In: Journal of communication 40.3. 1990, S. 134-155. (zitiert nach Keuchel)

Keller, Matthias: *Stars and Sounds. Filmmusik die dritte Kinodimension.* Kassel 1996.

Keuchel, Susanne: *Das Auge hört mit....Rezeptionsforschung zur klassischen Musik im Spielfilm.* Bonn 2000.

Köhler, Alexander: *Null Bock auf Klassik? Eine empirische Studie zur Steigerung des Interesses von Schülern an klassischer Musik.* In: Maas, Georg (Hg.): *Forum Musikpädagogik. Hallesche Schriften.* Band 123. Augsburg 2014.

Kracauer, Siegfried: *Theorie des Films. Die Errettung der äußerlichen Wirklichkeit.* 8. Aufl. Frankfurt am Main 2012.

Lissa, Zofia: *Ästhetik der Filmmusik.* Berlin 1965.

Maas, Georg/Schudack, Achim: *Musik und Film – Filmmusik. Informationen und Modelle für die Unterrichtspraxis.* Mainz 1994.

Maas, Georg/Schudack, Achim: *Der Musikfilm. Ein Handbuch für die pädagogische Praxis.* Mainz 2008.

Monaco, James: *Film verstehen. Kunst, Technik, Sprache, Geschichte und Theorie des Films und der Medien.* Reinbek bei Hamburg 1995.

Motte-Haber, Helga de la: *Filmmusik.* In: *Musik und Bildung.* Heft 1. 1977.

Motte-Haber, Helga de la: *Musikpsychologie. Eine Einführung.* Köln 1972.

Pauli, Hansjörg: *Filmmusik: Ein historischer Abriss.* In: Schmidt, Hans-Christian (Hg.): *Musik in den Massenmedien Rundfunk und Fernsehen.* Mainz 1976, S.91-119.

Schmidt, Hans-Christian: *Auditive und audiovisuelle musikalische Wahrnehmung im experimentellen Vergleich.* In: Schulfach Musik. Hg.: Rudolf Stephan. Mainz 1976.

Schmidt, Hans-Christian: *Musik als Einflussgröße für die filmische Wahrnehmung.* In: Schmidt, Hans-Christian (Hg.): *Musik in den Massenmedien Rundfunk und Fernsehen.* Mainz 1976, S. 126-169.

Schneider, Norbert Jürgen: *Handbuch Filmmusik.* 2., überarb. Aufl. München 1990.

Schneider, Norbert Jürgen: *Komponieren für Film und Fernsehen. Ein Handbuch.* Mainz 1997.

Springsklee, Holger: *Video-Clips – Typen und Auswirkungen*. In: Behne, Klaus-Ernst: *Film – Musik - Video oder die Konkurrenz von Auge und Ohr*. Regensburg 1987, S. 127-154.

Strauch, Heidemarie: *Der Einfluss von Musik auf die filmische Wahrnehmung am Beispiel von L. Buñuels „Un Chien Andalou"*. In: Arbeitskreis Musikpädagogische Forschung e.V. hrsg. durch Klaus-Ernst Behne (Hg.): *Musikpädagogische Forschung. Band 1.* Laaber 1980, S. 112-126. (zitiert nach Keuchel)

Tauchnitz, Jürgen: *Werbung mit Musik. Theoretische Grundlagen und experimentelle Studien zur Wirkung von Hintergrundmusik in der Rundfunk- und Fernsehwerbung.* Heidelberg 1990. (zitiert nach Keuchel)

Internetquellen

Der hautgalvanische Reflex: http://www.ipn.at/ipn.asp?BTK

Facebook: https://de-de.facebook.com/

Filmbeispiel 1 – Django Unchained https://www.youtube.com/watch?v=0a4SI7xZ4NY

Filmbeispiel 2- Equilibrium https://www.youtube.com/watch?v=6GygWwRogoc

Filmbeispiel 3 – Die Verurteilten https://www.youtube.com/watch?v=AdXDC9ewmSg

Forum der Universität Duisburg-Essen: www.forum.uni-due.de

Forum UNICUM: https://www.unicum.de/forum/

Forum www.student.de: http://forum.student.de/index.php

Lexikon der Neurowissenschaft - galvanische Hautreaktion: http://www.spektrum.de/lexikon/neurowissenschaft/galvanische-hautreaktion/4476

Musikbeispiel 1 – Klavierstück a-Moll WoO 59 „Für Elise" - Ludwig van Beethoven https://www.youtube.com/watch?v=dg0CXNu4HHI

Musikbeispiel 2 – Neunte Sinfonie, erster Satz von Ludwig van Beethoven https://www.youtube.com/watch?v=SKcWdn1jW4g

Musikbeispiel 3 - Duettino - Sull'aria, Die Hochzeit des Figaro - Wolfgang Amadeus Mozart https://www.youtube.com/watch?v=UVayAHsBgZc

Naxos – Classical Music in Movies http://www.naxos.com/musicinmovieslist.asp

Studip Halle: https://studip.uni-halle.de/

8 Diskographie

Beethoven, Ludwig van: Klavierstück a-Moll WoO 59 „*Für Elise*". Interpretin: Ashley Toman.

Beethoven, Ludwig van: *Allegro ma non troppo*. Erster Satz. Aus: 9. Sinfonie in d-Moll op. 125. Vienna Philharmonic Orchestra. Dirigent: Thielemann, Christian.

Mozart, Wolfgang Amadeus: *Sull'aria*. Aus: *Die Hochzeit des Figaro*. Dirigent: Magiera, Leone. Solistinnen: Scotto, Renata/ Freni, Mirella. 2010.

Grieg, Edvard: *In der Halle des Bergkönigs*. Aus: *Peer Gynt*. Arrangiert, produziert und aufgeführt von Reznor, Trent/ Ross, Atticus.

Tschaikowski, Pjotr Iljitsch: *Ouverture solennelle „1812"*.

9 Videographie

Die Verurteilten. Regie: Darabont, Frank. 1994.

Django Unchained. Regie: Tarantino, Quentin. 2012.

Equilibrium. Regie: Wimmer, Kurt. 2002.

Hannibal. Regie: Scott, Ridley. 2001.

Stolz und Vorurteil. Regie: Wright, Joe. 2005.

The Social Network. Regie: Fincher, David. 2010.

The Tree of Life. Regie: Malick, Terrence. 2011.

V wie Vendetta. Regie: Wachowski, Andy/ Wachowski, Lana. 2006.